LETTRE

A

L'ACADÉMIE FRANÇAISE

SUR

LA GRAMMAIRE, LA RHÉTORIQUE, LA POÉTIQUE ET L'HISTOIRE.

PAR FÉNELON

I0156176

SUIVIE

DU MÉMOIRE SUR LES OCCUPATIONS DE L'ACADÉMIE

DU DISCOURS DE RÉCEPTION

et de la correspondance entre Lamotte et Fénelon sur les anciens

NOUVELLE ÉDITION CLASSIQUE

ACCOMPAGNÉE DE NOTES PHILOSOPHIQUES, LITTÉRAIRES ET HISTORIQUES

PAR M. A. MAZURE

ANCIEN INSPECTEUR D'ACADÉMIE

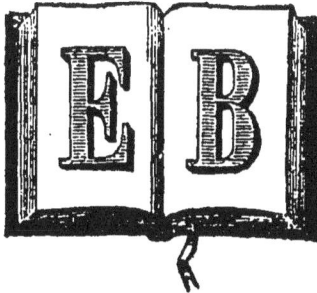

PARIS

LIBRAIRIE CLASSIQUE D'EUGÈNE BELIN

RUE DE VAUGIRARD, N° 52.

—

1879

Toutes mes éditions sont revêtues de ma griffe.

SAINT-CLOUD. — IMPRIMERIE DE Mme V^o EUG. BELIN.

PRÉFACE DE L'ÉDITEUR

Dans une carrière toute pleine de travaux religieux, d'œuvres épiscopales, de prédications, Fénelon avait toujours trouvé des instants pour les études littéraires qui avaient été l'occupation de sa jeunesse. Pendant les huit années de l'éducation du duc de Bourgogne, il s'était livré à ces belles études par le devoir même de sa place. La composition du Télémaque datait du premier temps de son épiscopat. Les Dialogues sur l'Éloquence, dont l'époque n'est pas certaine, paraissent avoir été antérieurs à l'éducation du jeune prince. On voit que ce grand homme n'avait pas cessé de chercher dans les études classiques tantôt le sérieux emploi de sa vie, tantôt un noble délassement. La *Lettre à l'Académie*, œuvre de sa dernière année, presque de ses derniers jours, clôt cet ordre intéressant, quoique secondaire, de cette illustre vie. Cet opuscule, où se trouve une fraîcheur de style que l'âge n'avait pas altérée, unie au goût le plus délicat et le plus sûr, est resté parmi les beaux écrits qui occupent le premier rang dans l'histoire des lettres, après les codes littéraires d'Horace et de Boileau.

C'était vers la fin de l'année 1713. Archevêque de Cambrai depuis dix-huit ans, se sentant affaibli par la maladie, attristé par les malheurs de la guerre qui sévissait autour de lui, Fénelon saisit l'occasion qui se présenta de se dérober un instant à ses ennuis en écrivant une Lettre à l'Académie française dans les circonstances que voici :

L'Académie, par une délibération du 23 novembre, avait arrêté que tous ses membres, présents ou absents, auraient à donner leur avis sur les travaux qui devaient occuper la compagnie. L'archevêque de Cambrai fut invité par M. Dacier, secrétaire perpétuel, à satisfaire pour sa part au vœu de l'Académie et à lui donner le concours de ses lumières. Il commença par envoyer un simple mémoire, le travail que nous avons placé, dans cette édition, à la suite de la Lettre. L'académie ayant ordonné l'impression de ce travail, l'auteur le redemanda pour le revoir et le corriger ; mais alors son plan s'était élargi,

ses idées s'étaient développées, et il envoya, avec ce même
mémoire, un ouvrage à part et autrement important : la Lettre
à l'Académie.

Nous n'avons point à entrer ici dans le détail des mérites de
cet ouvrage, puisque, dans l'annotation dont le texte est accompagné, nous nous attachons à les montrer, en faisant suivre
la chaîne des idées et montrant les qualités de style de cette
œuvre de critique, qui, bien que de peu d'étendue, ne laisse
pas que d'occuper une place importante dans l'œuvre entière
de Fénelon. Elle traite tour à tour du dictionnaire, de la grammaire, de la rhétorique, de la poétique et de l'histoire. Dans
ses larges aperçus relatifs à ces diverses parties, l'auteur apporte toujours le mouvement, l'art, l'élégance, c'est-à-dire la
simplicité ornée, tout le talent enfin qui a donné à ce grand
écrivain un si haut rang dans les lettres françaises. Fénelon,
entré dans l'âge avancé, sans être vieilli, avait l'imagination
tout émaillée des fleurs virgiliennes et des plus aimables souvenirs de l'antiquité. Les images des poëtes le séduisent, leurs
beaux sentiments le captivent. Avec quelle grâce il épand la
corbeille de ses trésors classiques ! Il ne sème pas ses fleurs,
comme dit le fabuliste, il les laisse tomber, ce qui ne nuit pas
à l'abondance et ne fait que la restreindre et la rendre plus
discrète.

Plusieurs critiques éminents, de nos jours, ont parlé dans ce
sens et dans les termes les plus formels de cet ouvrage de Fénelon : « Aucune lecture plus courte, dit M. Villemain, ne
présente un choix plus riche et plus heureux de souvenirs et
d'exemples. Fénelon les cite avec éloquence, parce qu'ils sor-
tent de son âme plus que de sa mémoire ; on voit que l'antiquité
lui échappe de toutes parts. Mais parmi tant de beautés, il revient à celles qui sont les plus douces, les plus naturelles, les
plus naïves ; et alors, pour exprimer ce qu'il éprouve, il a des
paroles d'une grâce inimitable. » Un autre académicien, M. Ni-
sard, caractérise le même ouvrage d'une manière non moins
concluante : « Je ne trouve chez les anciens que l'Épître aux
Pisons qui soit comparable à la Lettre de Fénelon sur les occupations de l'Académie. Les vers d'Horace, aux endroits familiers, ressemblent à la prose de Fénelon, comme celle-ci, dans
tout le cours de la Lettre, a le tour vif, concis, aimable, des
vers d'Horace. La pensée générale en est excellente ; c'est partout le simple, le vrai, le naturel, que recommande Fénelon,
et chacune de ses phrases en est comme un modèle. »

Les divers opuscules littéraires de notre auteur, à l'exception des Dialogues sur l'Éloquence, qui forment un volume à part, se trouvent réunis dans cette édition classique, à la suite de la Lettre à l'Académie. Il y a d'abord le mémoire proprement dit, l'œuvre première demandée à Fénelon, qu'il développa ensuite et dont il fit la Lettre ; en second lieu, le Discours de réception à l'Académie, prononcé en 1693, vingt ans avant la rédaction de la Lettre ; c'est un morceau académique intéressant par lui-même, un modèle du genre, avant que ce genre de discours se fût assujetti à un sujet particulier, et daignât s'occuper d'autre chose que de trois personnages : l'académicien défunt, le cardinal et le roi. Enfin, nous avons placé la correspondance entre Lamotte et Fénelon sur Homère et sur les anciens. Il est bon d'entrer dans quelques détails sur l'objet de cette correspondance.

Déjà, dans la dernière partie de la Lettre, Fénelon avait abordé une question fort vive alors, la guerre des anciens et des modernes. Cette querelle durait bien depuis vingt-cinq années. Perrault l'avait suscitée en pleine Académie, en 1687, lorsque, dans un poëme sur le *Siècle de Louis le Grand*, il s'était moqué d'Homère et des jardins d'Alcinoüs, à propos des magnificences de Versailles. On sait comment Boileau s'était fait le défenseur des anciens, et comment la guerrre continua, s'apaisa, puis reprit avec une nouvelle ardeur dans les controverses de Lamotte et de madame Dacier. A peu près vers le même temps que la Lettre, une correspondance s'était établie entre Lamotte et Fénelon, sur l'objet de cette querelle redevenue à l'ordre du jour. Les lettres de Lamotte sont spirituelles, mais non sans prétention ; elles font ressortir le tour ingénieux et le naturel de celles de Fénelon. Dans la Lettre, comme dans la Correspondance, la position prise par Fénelon est assez singulière. On se demande quelle est sa pensée réelle, son système ; dans le fait, il ne conclut pas : il aimait ses chers anciens, il se plaisait à les cultiver, à les citer ; mais il croyait pouvoir se dispenser de rompre des lances pour eux. M. H. Rigault, critique d'un ordre supérieur, dont les lettres classiques regrettent la perte récente, et qui, dans son intéressante histoire de la querelle des anciens et des modernes, analyse tour à tour la Lettre de Fénelon et sa Correspondance avec Lamotte, s'exprime d'une manière assez vive sur ce point : « Peut-être l'aménité du caractère de Fénelon a-t-elle ôté quelque chose à la fermeté de son esprit ; il est possible que chez lui la modération des idées ait tourné en indécision et en indifférence ; ce

que l'on gagne en séduction, on le perd en autorité. » Pourquoi
ce reproche à un si grand esprit, si aimable et si excellent?
N'avait-il pas le droit de se ménager vis-à-vis des opinions
opposées ? Ces questions littéraires, surtout à l'âge où il était
parvenu, n'étaient-elles pas, aux yeux de l'illustre prélat, d'un
ordre assez secondaire, et ne pouvait-il se livrer avec effusion à
son attrait pour l'antiquité sans être obligé de heurter le bel
esprit, d'ailleurs homme de goût et de bonne société, qui s'é-
tait fait leur adversaire?

La Lettre à l'Académie et la Correspondance sont les dernières œuvres de Fénelon. La dernière lettre est datée du 22 novembre 1714. Trois mois après, le cygne ne chantait plus, il
avait pris son vol. Mais pourquoi, en parlant de cette mort,
rester dans les images grecques, toujours un peu profanes, et
qui ne furent jamais qu'un ornement dans cette vie sérieuse ?
Parlons avec plus de gravité. Le pieux archevêque de Cambrai
était allé recevoir le prix de ses vertus, comme chrétien et
comme prêtre. Ses dernières paroles écrites n'ont plus de rapport avec les Lettres classiques, ces jeux fugitifs et sans portée
de l'imagination quand les derniers jours sont venus. Écrivant
à la duchesse de Beauvilliers, à l'occasion de la mort de son
mari : « Nous retrouverons bientôt ce que nous avons perdu,
lui dit-il, c'est nous qui mourons, ce que nous aimons vit et ne
meurt plus. » La littérature n'eut que les avant-derniers accents de Fénelon, un sentiment de douleur chrétienne dicta sa
parole suprême. Louis XIV venait de s'éteindre ; le grand siècle
achevait de mourir avec ces deux hommes, dont l'un représentait la puissance qui avait tout animé, et l'autre le dernier re-
flet de cet âge dans les œuvres de l'esprit, l'éclat littéraire dans
ce qu'il avait eu de plus aimable et de plus pur.

Ajoutons un mot sur le soin qui a été donné à notre édition
classique. Peut-être jugera-t-on que l'annotation courante répond assez bien aux divers sujets traités dans ces écrits, et
accueillera-t-on cette entreprise de rendre de plus en plus populaire dans le monde classique le génie littéraire, les idées et
le beau langage d'un si grand écrivain.

A. M.

LETTRE

A

L'ACADÉMIE FRANÇAISE

SUR

LA GRAMMAIRE, LA RHÉTORIQUE, LA POÉTIQUE ET L'HISTOIRE[1].

Je suis honteux, Monsieur[2], de vous devoir depuis si longtemps une réponse; mais ma mauvaise santé[3] et mes embarras continuels ont causé ce retardement. Le choix que l'Académie[4] a fait de votre personne pour l'emploi de son Secrétaire perpétuel[5] est digne de la compagnie, et promet beaucoup au public pour les belles-lettres. J'avoue que la demande que vous me faites au nom d'un corps auquel je dois tant m'embarrasse un peu; mais je vais parler

1. La première édition de cet ouvrage, qui parut en 1716, portait le second titre, qui est très-bon, et indique parfaitement l'objet que l'auteur s'était proposé; celui de «Lettre à l'Académie,» sous lequel il est resté, se trouve sur l'édition de 1724. Nous avons cru bien faire de réunir les deux titres.

2. «Monsieur.» Ce mot, devenu si banal par son usage universel, a un sens primitif fort grave; sieur vient de *sior*, contraction de *senior*; seigneur n'est autre chose que le même mot dans son entier. Les premiers honneurs ayant été regardés comme dus à l'âge avancé, le titre honorifique le plus ordinaire devint celui-ci: vieillard. Monsieur et monseigneur ne sont donc que cela: mon vieillard, et ils ne diffèrent que par l'abréviation du premier; il en est de même de Sire, titre autrefois attribué aux personnes nobles, puis réservé aux rois; il vient de *sior*, et non, comme on l'a cru, de Κύριος. Les hommes, égaux par nature, sont assez embarrassés pour se distinguer entre eux

par leurs titres. La plus haute dénomination honorifique est celle de l'homme avancé en âge, et les distinctions dans l'appellation se bornent à l'emploi d'une contraction.

3. La santé de Fénelon n'avait jamais été fort bonne; mais alors sa fin n'était pas éloignée; il achevait de mourir, selon cette belle parole de Bossuet: «Nous mourons tous les jours.»

4. L'Académie française, destinée à un si grand avenir, avait été fondée par Richelieu en 1635.

5. André Dacier fut un des plus laborieux érudits du siècle de Louis XIV. — Sa femme, madame Dacier, qu'il épousa en 1683, s'est fait, dans la même carrière que son mari, une renommée plus grande encore; son principal titre est sa traduction d'Homère. Dacier mourut en 1722, après avoir survécu à sa femme de deux années. Entré à l'Académie en 1695, il en avait été nommé secrétaire perpétuel en 1713. C'est à lui, en raison de ce dernier titre, que la lettre de Fénelon est adressée.

au hasard, puisqu'on l'exige. Je le ferai avec une grande défiance de mes pensées, et une sincère déférence pour ceux qui daignent me consulter [1].

I. — PROJET D'ACHEVER LE DICTIONNAIRE [2].

Le Dictionnaire auquel l'Académie travaille mérite sans doute qu'on l'achève. Il est vrai que l'usage, qui change souvent pour les langues vivantes, pourra changer ce que ce Dictionnaire aura décidé [3].

> Nedum sermonum stet honos et gratia vivax.
> Multa renascentur, quæ jam cecidere, cadentque
> Quæ nunc sunt in honore vocabula, si volet usus,
> Quem penes arbitrium est et jus et norma loquendi [4].

Mais ce Dictionnaire aura divers usages. Il servira aux étrangers, qui sont curieux de notre langue [5], et qui lisent avec fruit les livres excellents en plusieurs genres qui ont été faits en France. D'ailleurs les Français les plus polis [6] peuvent avoir quelquefois besoin de recourir à ce Dictionnaire, par rapport à des termes sur lesquels ils doutent.

1. Il y a dans ce début plusieurs mots à relever. — « Emploi, » employer, l'action d'être impliqué, *implicatus*, mis dans les plis d'une affaire ; ital. *impiegat*. — « Compagnie. » L'origine du mot «compagnon» est l'idée de manger le pain avec quelqu'un, de vivre avec lui, en commun. — « Les belles-lettres. » Les anciens disaient : *humaniores litteræ ;* l'idée de beauté a été justement appliquée à l'art d'écrire et de bien dire.

2. Le but spécial de l'institution de l'Académie avait été la fixation de la langue et la rédaction du Dictionnaire. La première édition de ce grand ouvrage parut en 1694 ; la plus récente, qui est la sixième, précédée d'un important travail de M. Villemain, est de 1835.

3. Bossuet, qui est un esprit beaucoup plus absolu et plus partisan de l'autorité en toute chose que Fénelon, croit à celle du corps littéraire pour fixer la langue, ou du moins son Dictionnaire. Dans son discours de réception, en 1671, il disait : « Vous êtes un conseil réglé et perpétuel, dont le crédit, établi sur l'approbation publique, peut réprimer les bizarreries de l'usage et tempérer les déréglements de cet empire trop populaire. C'est le fruit que nous espérons recevoir bientôt de cet ouvrage admirable, je veux dire ce trésor de la langue, que vous méditez. »

4. Hor., *Ars poet.*, v. 69. — Il faut remarquer l'ingénieuse élégance de ces vers. Les mots sont assimilés au feuillage des arbres, qui tombe et qui renaît ; seulement ce n'est pas la diversité des saisons, c'est l'usage qui règle ici les alternatives. Rien de plus choisi que les expressions dont le poëte caractérise les mots et montre aux regards leur beauté verdoyante et vive, *honos et gratia vivax*.

5. « Curieux de la langue, » de *cura, curare*, avoir soin, s'inquiéter de. C'est un tour latin : *curiosus, studiosus alicujus rei* ; il est élégant et s'emploie très-bien dans le langage moderne : un homme curieux d'antiquités.

6. « Les plus polis, » ce que l'on appelait les honnêtes gens, ceux qui avaient la politesse des manières et la culture d'esprit que donnent la naissance ou l'éducation.

Enfin, quand notre langue sera changée, il servira à faire entendre les livres dignes de la postérité qui sont écrits en notre temps [1]. N'est-on pas obligé d'expliquer maintenant le langage de Villehardouin et de Joinville [2]? Nous serions d'avis d'avoir des dictionnaires grecs et latins faits par les anciens mêmes [3]. La perfection des dictionnaires est même un point où il faut avouer que les modernes ont enchéri sur les anciens. Un jour on sentira la commodité d'avoir un Dictionnaire qui serve de clef à tant de bons livres [4]. Le prix de cet ouvrage ne peut manquer de croître à mesure qu'il vieillira.

II. — PROJET DE GRAMMAIRE.

Il serait à désirer, ce me semble, qu'on joignît au Dictionnaire une Grammaire française. Elle soulagerait beaucoup les étrangers, que nos phrases irrégulières embarrassent souvent. L'habitude de parler notre langue nous empêche de sentir ce qui cause leur embarras. La plupart même des Français auraient quelquefois besoin de consulter cette règle. Ils n'ont appris leur langue que par le seul usage, et l'usage a quelques défauts en tous lieux. Chaque province a les siens; Paris n'en est pas exempt. La Cour même se ressent un peu du langage de Paris, où les enfants de la plus haute condition sont d'ordinaire élevés [5]. Les

1. Ils sont d'une grande utilité pour connaître le sens précis des mots à l'époque où ces dictionnaires ont été rédigés. C'est là ce qui fait surtout l'intérêt des études étymologiques. En remontant aux origines successives d'un mot, on reconnaît la chaîne des idées exprimées par ce mot à travers les âges.

2. Villehardouin prit part à la quatrième croisade et en écrivit la relation. — Quant à Joinville, on sait qu'il écrivit, avec une grâce extrême de langage, l'histoire de saint Louis, qu'il accompagna dans sa première croisade.

3. Plusieurs existent : en particulier, pour le latin, Nonnus, Festus, Isidore, et pour le grec, Apollonius, Pollux, Hesychius; travaux utiles, mais incomplets et contenant beaucoup d'erreurs, surtout en ce qui regarde les étymologies.

4. Expression proverbiale fort juste. La clef, par elle-même, n'est rien, ne donne rien ; mais elle introduit au trésor.

5. Sous Louis XIV, la cour, qui se tenait à Versailles, et qui élevait ses fils à Paris, était la maîtresse et l'institutrice du beau langage. M. Villemain, dans sa préface du Dictionnaire de l'Académie, exprime ingénieusement cette idée : « Ce n'était pas une illusion de flatterie que la supériorité et la grâce attribuées à ces entretiens de Versailles, où Louis XIV portait la noble précision de ses paroles ;... où Bossuet, Fleury, la Bruyère, conversant à part dans l'allée des philosophes, étaient rejoints par Condé ; où Fénelon était maître de l'oreille et du cœur de ceux qui l'écoutaient. »

personnes les plus polies ont de la peine à se corriger sur certaines façons de parler qu'elles ont prises pendant leur enfance en Gascogne, en Normandie, ou à Paris même par le commerce des domestiques.

Les Grecs et les Romains ne se contentaient pas d'avoir appris leur langue naturelle par le simple usage; ils l'étudiaient dans un âge mûr par la lecture des grammairiens, pour remarquer les règles, les exceptions, les étymologies, les sens figurés, l'artifice de toute la langue, et ses variations [1].

Un savant grammairien court risque de composer une grammaire trop curieuse et trop remplie de préceptes [2]. Il me semble qu'il faut se borner à une méthode courte et facile. Ne donnez d'abord que les règles les plus générales ; les exceptions viendront peu à peu. Le grand point est de mettre une personne le plus tôt qu'on peut dans l'application sensible des règles par un fréquent usage. Ensuite cette personne prend plaisir à remarquer le détail des règles, qu'elle a suivies d'abord sans y prendre garde [3].

Cette Grammaire ne pourrait pas fixer une langue vivante ; mais elle diminuerait peut-être les changements capricieux par lesquels la mode règne sur les termes comme sur les habits. Ces changements de pure fantaisie peuvent embrouiller et altérer une langue au lieu de la perfectionner [4].

III. — PROJET D'ENRICHIR LA LANGUE.

Oserai-je hasarder ici, par un excès de zèle, une proposition, que je soumets à une compagnie si éclairée ? Notre

1. Malgré l'assertion de notre auteur, il est vrai de dire que les anciens s'occupèrent beaucoup plus de donner des préceptes sur la rhétorique et l'art d'écrire, que de savoir par le fonds leurs admirables langues, ou de rechercher avec soin « les sens figurés et l'étymologie. »

2. « Trop curieuse, » trop pleine de détails, s'attachant moins à l'érudition solide qu'à satisfaire une vaine curiosité. — Expression heureuse, et plus rare dans cet emploi que dans celui où elle est citée plus haut.

3. C'est la méthode adoptée par la plupart des maîtres habiles : enseigner les règles principales, et procéder de suite à l'explication des auteurs, en faisant remarquer, dans les textes mêmes, les exceptions, les idiotismes, etc.

4. « Terme, » *terminus*, excellent comme synonyme de mot, *vocabulum*. En effet, le mot termine, clôt la pensée ; il définit, il pose la borne. — « Em-

langue manque d'un grand nombre de mots et de phrases. Il me semble même qu'on l'a gênée et appauvrie depuis environ cent ans, en voulant la purifier [1]. Il est vrai qu'elle était encore un peu informe, et trop *verbeuse* [2]. Mais le vieux langage se fait regretter, quand nous le retrouvons dans Marot, dans Amyot, dans le cardinal d'Ossat, dans les ouvrages les plus enjoués, et dans les plus sérieux [3]. Il avait je ne sais quoi de court, de naïf, de hardi, de vif et de passionné [4]. On a retranché, si je ne me trompe, plus de mots qu'on n'en a introduit. D'ailleurs je voudrais n'en perdre aucun, et en acquérir de nouveaux [5]. Je voudrais autoriser tout terme qui nous manque, et qui a un son doux, sans danger d'équivoque.

Quand on examine de près la signification des termes, on remarque qu'il n'y en a presque point qui soient entièrement synonymes entre eux [6]. On en trouve un grand

---

brouiller, » jeter des brouillards sur la pensée ; mot celtique, *broil.* — « Altérer, » dénaturer, rendre autre. — « Perfectionner, » achever ; idée de faire d'une manière complète, selon le sens intensif de *per.*

1. « Enrichir la langue, l'appauvrir. » sont des expressions relevées et d'un grand sens. Il est ingénieux de dire qu'en voulant « la purifier, on l'appauvrit. » La langue française sera toujours pauvre, par rapport à la richesse incomparable des langues antiques. Il est très-certain, et Fénelon le déclare ici avec raison, que le français, sous la réforme de Malherbe, à force d'être émondé, avait perdu une partie de son riche feuillage et de sa grâce première.

2. « Verbeux, » *verbosus*, qui abonde en paroles inutiles, est un mot risqué par Fénelon, et qui est resté, ainsi que *verbiage*, tandis que *verbosité*, qui se trouve dans Furetière, ne s'est pas maintenu.

3. Marot, poëte de renom sous François Ier, qui fut beaucoup vanté pour la grâce et le naturel de ses vers. — Amyot, précepteur de Charles IX et traducteur de Plutarque, excellent prosateur du XVIe siècle, après Montaigne et saint François de Sales. — Ossat, diplomate sous Henri IV, dont on possède des lettres qui jouirent de beaucoup de reputation.

4. Ces épithètes caractérisent on ne peut mieux la nature de la langue française au XVIe siècle et les qualités qu'elle n'a pas entièrement conservées.

5. C'est la doctrine du néologisme ; entendue dans de justes limites, et comme le voulait Horace pour les mots latins, *Græco de fonte cadant ;* elle est juste, et les écrivains de notre siècle, depuis Châteaubriand, l'ont volontiers appliquée, en essayant de reprendre des mots anciens et délaissés.

6. A proprement parler, il n'y a pas de synonymes dans une langue bien faite, mais seulement des mots de sens analogue, exprimant chacun une nuance d'une idée commune à tous. Tout mot qui serait synonyme d'une manière absolue, c'est-à-dire identique par le sens, avec un autre, serait une redondance au lieu d'être une richesse de la langue. L'auteur veut qu'on réglemente les synonymes en marquant la définition précise et rigoureuse des mots. — Fénelon combat ici l'abus des périphrases, mais il ne condamne pas le discours à une concision qui dégénérerait en sécheresse. — Il veut « plusieurs synonymes pour un seul objet, » mais de telle sorte que chaque synonyme exprime une nuance différente, une qualité particulière de l'objet en question.

nombre qui ne peuvent désigner suffisamment un objet, à moins qu'on n'y ajoute un second mot. De là vient le fréquent usage des circonlocutions. Il faudrait abréger, en donnant un terme simple et propre pour exprimer chaque objet, chaque sentiment, chaque action. Je voudrais même plusieurs synonymes pour un seul objet. C'est le moyen d'éviter toute équivoque, de varier les phrases, et de faciliter l'harmonie, en choisissant celui de plusieurs synonymes qui sonnerait le mieux avec le reste d'un discours[1].

Les Grecs avaient fait un grand nombre de mots composés, comme *Pantocrator*, *Glaucopis*, *Eucnemides*, *etc.* Les Latins, quoique moins libres en ce genre, avaient un peu imité les Grecs, *Lanifica*, *Malesuada*, *Pomifer*, *etc.* Cette composition servait à abréger, et à faciliter la magnificence des vers[2]. De plus ils rassemblaient sans scrupule plusieurs dialectes dans le même poëme, pour rendre la versification plus variée et plus facile.

Les Latins ont enrichi leur langue des termes étrangers qui manquaient chez eux. Par exemple, ils manquaient de termes propres pour la Philosophie, qui commença si tard à Rome. En apprenant le grec, ils en empruntèrent les termes pour raisonner sur les sciences. Cicéron, quoique très-scrupuleux sur la pureté de sa langue, emploie librement les mots grecs dont il a besoin. D'abord le mot grec ne passait que comme étranger; on demandait permission de s'en servir, puis la permission se tournait en possession et en droit[3].

J'entends dire que les Anglais ne se refusent aucun des mots qui leur sont commodes. Ils les prennent partout où ils les trouvent chez leurs voisins. De telles usurpations

1. « Sonnerait, » qui serait d'accord; lat. *consonare*. Ce mot, en français, tel que l'emploie ici Fénelon, dans son sens métaphorique latin, serait aujourd'hui fort peu usité.
2. Le français n'est pas, comme les langues anciennes, flexible et favorable à la composition des mots. En vain Ronsard, avec la *Pléiade*, essaya-t-il de composer des mots en français comme les Grecs; ce ne fut qu'un « faste pédantesque » qui tomba dans l'âge suivant. Notre langue est rebelle à ce procédé; et l'on sait au contraire de quelle ressource est la composition des mots chez les auteurs classiques, quels mots d'un grand sens sont ainsi composés, et quelle poésie ils apportent dans l'œuvre homérique.
3. Il en est de même encore chez nous en ce qui regarde les termes de science; on se sert constamment de mots grecs, soit composés par les modernes, soit venus intégralement par les Romains.

sont permises. En ce genre tout devient commun par le seul usage. Les paroles ne sont que des sons, dont on fait arbitrairement les signes de nos pensées. Ces sons n'ont en eux-mêmes aucun prix. Ils sont autant au peuple qui les emprunte, qu'à celui qui les a prêtés. Qu'importe qu'un mot soit né dans notre pays, ou qu'il nous vienne d'un pays étranger? La jalousie serait puérile, quand il ne s'agit que de la manière de mouvoir ses lèvres, et de frapper l'air [1].

D'ailleurs nous n'avons rien à ménager sur ce faux point d'honneur. Notre langue n'est qu'un mélange de grec et de latin, et de tudesque, avec quelques restes confus de gaulois [2]. Puisque nous ne vivons que sur ces emprunts, qui sont devenus notre fonds propre, pourquoi aurions-nous une mauvaise honte sur la liberté d'emprunter, par laquelle nous pouvons achever de nous enrichir? Prenons de tous côtés tout ce qu'il nous faut pour rendre notre langue plus claire, plus précise, plus courte, et plus harmonieuse [3], toute circonlocution affaiblit le discours [4].

Il est vrai qu'il faudrait que des personnes d'un goût et d'un discernement éprouvé choisissent les termes que nous devrions autoriser [5]. Les mots latins paraîtraient les plus

1. Fénelon fait ici trop bon marché du « son » dans les langues; il y a un rapport sensible et très-fréquent entre les sons et les idées. Une langue perd son principal droit à la beauté quand elle est, comme l'anglais en général, hybride, contenant une multitude de mots qui n'appartiennent pas à la langue première. Un mot emprunté a toujours un air étranger, et il n'est pas vrai de dire qu'il appartienne « à celui qui emprunte autant qu'à celui qui prête. » Les mots français, d'origine romane, qui abondent en anglais, sur un fond saxon, ont un caractère étranger, tout à fait en désaccord avec ce qui est primitif dans cette langue. Il y a donc dans les mots autre chose que « la manière de mouvoir les lèvres et de frapper l'air. » Du reste, Fénelon, se contredisant un peu, reconnaît qu'un trop grand nombre de mots jetés dans une langue constitue « un amas grossier et informe. »

2. Tout cela est faux ou inexact. Notre langue n'est pas, comme on le dit ici, un mélange de grec, de latin, etc. Elle est essentiellement d'origine latine; le grec n'y est pour rien, sinon pour quelques mots introduits par les colonies phocéennes et pour les termes savants. Les éléments tudesques et gaulois y ont une part considérable, et désormais fort bien déterminée par les importants travaux qui ont été mis au jour depuis peu d'années.

3. Ces observations sont justes; il faut enrichir la langue le plus possible en puisant aux sources anciennes, toutefois avec prudence. Il semble que Fénelon écrivait plutôt pour notre âge que pour le sien; car cette langue, alors captivée et limitée, comme il s'en plaint, suffisait très-bien à des génies tels que Pascal, Bossuet, Fénelon lui-même. Voltaire pose les limites dans lesquelles le néologisme peut être accepté. « Un mot nouveau, dit-il, n'est pardonnable que quand il est absolument nécessaire, intelligible et sonore. »

4. Cela est vrai jusqu'à un certain point; qui prouve trop ne prouve rien.

5. Fénelon écrit à l'Académie, il ne saurait décliner la magistrature exercée

propres à être choisis : les sons en sont doux; ils tiennent à d'autres mots, qui ont déjà pris racine dans notre fonds; l'oreille y est déjà accoutumée : ils n'ont plus qu'un pas à faire pour entrer chez nous [1]. Il faudrait leur donner une agréable terminaison; quand on abandonne au hasard, ou au vulgaire ignorant, ou à la mode des femmes, l'introduction des termes, il en vient plusieurs qui n'ont ni la clarté ni la douceur qu'il faudrait désirer.

J'avoue que si nous jetions à la hâte, et sans choix, dans notre langue un grand nombre de mots étrangers, nous ferions du français un amas grossier et informe des autres langues d'un génie tout différent. C'est ainsi que les aliments trop peu digérés mettent dans la masse du sang d'un homme des parties hétérogènes, qui l'altèrent, au lieu de le conserver [2]. Mais il faut se ressouvenir que nous sortons à peine d'une barbarie aussi ancienne que notre nation [3].

> Sed in longum tamen ævum
> Manserunt hodieque manent vestigia ruris.
> Serus enim græcis admovit acumina chartis,
> Et post Punica bella quietus, quærere cœpit
> Quid Sophocles et Thespis et Æschylus utile ferrent [4].

On me dira peut-être que l'Académie n'a pas le pouvoir de faire un édit avec une affiche, en faveur d'un terme nouveau; le public pourrait se révolter. Je n'ai pas oublié l'exemple de Tibère : maître redoutable de la vie des Romains, il parut ridicule en affectant de se rendre le maître

par ce grand corps littéraire sur les mots; mais, dans le fait, ce n'est pas l'Académie, c'est le peuple qui choisit les mots et leur donne cours; il appartient à l'Académie de sanctionner.

1. Expression exacte et spirituelle. Du reste, on fait du français avec du latin, comme Horace voulait que l'on fît du latin avec du grec.

2. Rapprochement qui n'est pas heureux, bien qu'il ne soit pas dépourvu de vérité.

3. L'auteur, qui a tant d'indulgence pour l'esprit littéraire et la langue de ses devanciers, s'exprime ici, sur tous les temps qui l'ont précédé, avec une sévérité que l'on ne saurait admettre Quoi !

non-seulement la Renaissance, mais encore le moyen âge entier, tous les siècles de la monarchie, le mouvement d'art, de littérature, et surtout de théologie qui avait caractérisé le XIIIe siècle en Italie et en France, tout cela caractérisé par ce mot « barbarie ! » Et pour ne parler que du XVIe siècle, Montaigne, saint François de Sales, Amyot, étaient-ils des écrivains barbares ? Fénelon n'y pensait pas lorsqu'il écrivait ces lignes.

4. HOR., l. II, Ép. 1, v. 159. L'induction que notre auteur fait sortir du texte d'Horace n'est pas parfaitement exacte. Antérieurement aux guerres puniques, avant que les Romains eussent connu les trésors du génie grec, il n'y avait rien

du terme de *Monopolium* [1]. Mais je crois que le public ne manquerait point de complaisance pour l'Académie, quand elle le ménagerait. Pourquoi ne viendrions-nous pas à bout de faire ce que les Anglais font tous les jours ?

Un terme nous manque, nous en sentons le besoin : choisissez un son doux, et éloigné de toute équivoque, qui s'accommode à notre langue, et qui soit commode pour abréger le discours. Chacun en sent d'abord la commodité. Quatre ou cinq personnes le hasardent modestement en conversation familière ; d'autres le répètent par le goût de la nouveauté ; le voilà à la mode [2]. C'est ainsi qu'un sentier qu'on ouvre dans un champ devient bientôt le chemin le plus battu, quand l'ancien chemin se trouve raboteux et moins court.

Il nous faudrait, outre les mots simples et nouveaux, des composés et des phrases, où l'art de joindre les termes qu'on n'a pas coutume de mettre ensemble fît une nouveauté gracieuse.

> Dixeris egregie, notum si callida verbum
> Reddiderit junctura novum [3].

C'est ainsi qu'on a dit *velivolum* en un seul mot composé de deux, et en deux mots mis l'un auprès de l'autre, *Remigium alarum. Lubricus adspici*. Mais il faut en ce point être sobre et précautionné, *tenuis caulusque serendis* [4]. Les

en fait de littérature latine. En France, au contraire, avant Louis XIV, il y avait eu jusque-là, à partir des romanciers et des trouvères, quatre siècles de littérature originale, primesautière, et avec laquelle il faut compter en ce qui regarde l'histoire littéraire de la France.

1. SUÉTONE, *Tib. vita*, c. 71. — Il y a de la confusion dans les souvenirs de notre auteur. C'est Auguste qui ne put réussir à faire adopter un mot, et qui disait : « Il est plus difficile de faire un mot qu'un consul. » Le public, sur ce point, est le maître, et il ne s'inquiète guère d'y mettre « de la complaisance, » soit pour les rois, soit pour l'Académie, cette complaisance fût-elle réciproque, et l'Académie s'attachât-elle à « ménager » l'usage commun. — Tout ce style n'est pas très-bon, on peut reprendre

l'antithèse : « maître de la vie et maître d'une terme. »

2. Ce procédé nous semble peu naturel ; il n'est guère de mot qui ait obtenu son droit de bourgeoisie en partant de quelques entretiens familiers avant de descendre parmi la foule. Le contraire est assurément le plus fréquent ; les mots viennent d'en bas, et ils s'épurent en montant.

3. HOR., *Ars poet.*, v. 47. — C'est ce qu'on a coutume d'appeler des alliances de mots, quand on joint ensemble des termes contradictoires en apparence, mais qui, en réalité, produisent un sens d'autant plus vif qu'ils sont en plus grande opposition.

4. VIRG., *Æneid.*, l. VI, v. 10. — HOR., l. I, *Od.* 19; *Ars poet.*, v. 46 — Les exemples cités par notre auteur

nations qui vivent sous un ciel tempéré goûtent moins que les peuples des pays chauds les métaphores dures et hardies [1].

Notre langue deviendrait bientôt abondante, si les personnes qui ont la plus grande réputation de politesse s'appliquaient à introduire les expressions ou simples, ou figurées, dont nous avons été privés jusqu'ici [2].

IV. — PROJET DE RHÉTORIQUE [3].

Une excellente Rhétorique serait bien **au-dessus** d'une Grammaire et de tous les travaux bornés à perfectionner une langue. Celui qui entreprendrait cet ouvrage y rassemblerait tous les plus beaux préceptes d'Aristote, de Cicéron, de Quintilien, de Lucien, de Longin, et des autres célèbres auteurs. Leurs textes, qu'il citerait, seraient les ornements du sien. En ne prenant que la fleur de la plus pure antiquité, il ferait un ouvrage court, exquis, et délicieux [4].

Je suis très-éloigné de vouloir préférer en général le génie des anciens orateurs à celui des modernes. Je suis très-persuadé de la vérité d'une comparaison qu'on a faite : c'est que, comme les arbres ont aujourd'hui la même forme

ne sont pas précisément des alliances de mots, mais de simples métaphores qui ne présentent aucune contradiction dans les termes. Les ailes rappellent assez bien l'idée de rames, et les voiles peuvent être regardées comme les ailes d'un navire. L'alliance des mots se trouve, par exemple, dans ces vers de Boileau :

Fuyez de ces auteurs l'abondance stérile...
Remplirait ma maison d'un agréable deuil.

1. On connaît les métaphores « hardies, » mais on ne se rend pas compte de leur « dureté ; » à moins que l'auteur ne veuille par là marquer l'incohérence des idées.—Au lieu de dire : « les pays chauds et les pays tempérés, » on dirait plutôt aujourd'hui : l'Orient et l'Occident.

2. On voit que Fénelon était, avec Molière et la Fontaine, de l'école des beaux esprits qui regrettaient l'abondance de l'âge précédent, et auraient voulu rendre à la langue une partie de sa richesse perdue.

3. A ce point l'auteur entre dans le vif de son sujet ; ce qui précède, concernant la grammaire, n'est guère qu'un préliminaire ; il a hâte d'arriver à son vrai sujet : la rhétorique et la poétique ; sous ce double rapport, il va prendre son rang parmi les maîtres.

4. Un livre didactique ne saurait guère être « exquis et délicieux ; » il n'y a pas assez de fermeté dans ce style. Sans être délicieux, un bon traité de rhétorique, contenant les meilleurs préceptes transmis par les devanciers, serait un ouvrage excellent. Cicéron (*De orat.*, l. II, c. 38), nous apprend qu'Aristote avait mis au jour, sous le titre de συναγωγή, un ouvrage de cette nature qui faisait loi. — « La fleur de la pure antiquité. » Expression heureuse, assez souvent reproduite, et qui assimile, avec beaucoup de raison, la littérature antique dans son exquise perfection avec la fleur du froment le plus pur.

et portent les mêmes fruits qu'ils portaient il y a deux mille
ans, les hommes produisent les mêmes pensées. Mais il y a
deux choses que je prends la liberté de représenter. La première est que certains climats sont plus heureux que d'autres pour certains talents, comme pour certains fruits. Par
exemple, le Languedoc et la Provence produisent des rai-
sins et des figues d'un meilleur goût que la Normandie et
que les Pays-Bas. De même les Arcadiens étaient d'un naturel plus propre aux beaux-arts que les Scythes. Les Siciliens sont encore plus propres à la musique que les Lapons.
On voit même que les Athéniens avaient un esprit plus vif
et plus subtil que les Béotiens[1]. La seconde chose que je
remarque, est que les Grecs avaient une espèce de longue
tradition, qui nous manque. Ils avaient plus de culture
pour l'éloquence que notre nation n'en peut avoir. Chez
les Grecs tout dépendait du peuple, et le peuple dépendait
de la parole. Dans leur forme de gouvernement, la fortune, la réputation, l'autorité étaient attachées à la persuasion de la multitude. Le peuple était entraîné par les
rhéteurs artificieux et véhéments. La parole était le grand
ressort en paix et en guerre. De là viennent tant de harangues qui sont rapportées dans les histoires, et qui nous
sont presque incroyables, tant elles sont loin de nos mœurs.
On voit dans Diodore de Sicile Nicolas et Gylippe qui entraînent tour à tour les Syracusains. L'un leur fait d'abord

---

1. Fénelon aborde ici la question des anciens et des modernes, question vive et qui se prolongeait au temps où il écrivit cette lettre. Alors même, les détracteurs des anciens avaient l'avantage ; Fontenelle et Lamotte tenaient la haute main à l'Académie, et Des-préaux était mort en 1711. L'auteur ne tranche pas la question, mais ses in-ductions sont favorables à la cause des anciens. La première de ces inductions porte sur la différence du climat. A ce sujet, la comparaison entre les fruits et les esprits, qui croissent plus ou moins bien, selon leurs provinces natales, est plus subtile que solide. On a débité beaucoup d'observations sans portée sur l'influence des climats considérés dans leur diversité. Il ne faut pas subordon-ner *à priori* le nord au midi ; le génie germanique, par exemple, pourrait bien ne pas se regarder comme infé-rieur au génie oriental, et il a porté, pour sa part, d'assez beaux fruits. Quant aux Lapons et aux Scythes, que Fénelon introduit dans sa discussion, ils sont évidemment hors de cause. Les Béotiens, dit-on, étaient moins vifs que les Athéniens, pourtant ils ont produit le plus ardent des lyriques grecs. Il n'y a rien de bien solide dans ces distinc-tions de pays pour expliquer le plus ou moins grand nombre de génies litté-raires qui ont pu les illustrer. On peut dire du génie, comme il est écrit de l'esprit de Dieu, *spiritus Dei fiat ubi vult.* — Montesquieu surtout (*Esprit des lois*, l. xiv) s'est attaché jusqu'à l'excès à marquer l'influence des cli-mats sur les mœurs.

accorder la vie aux prisonniers athéniens; et l'autre, un moment après, les détermine à faire mourir ces mêmes prisonniers.

La parole n'a aucun pouvoir semblable chez nous. Les assemblées n'y sont que des cérémonies et des spectacles. Il ne nous reste guère de monuments d'une forte éloquence, ni de nos anciens Parlements, ni de nos Etats généraux, ni de nos assemblées de Notables. Tout se décide en secret dans le cabinet des Princes, ou dans quelque négociation particulière. Ainsi notre action n'est point excitée à faire les mêmes efforts que les Grecs pour dominer par la parole. L'usage public de l'éloquence est maintenant presque borné aux prédicateurs et aux avocats [1].

Nos avocats n'ont pas autant d'ardeur pour gagner le procès de la rente d'un particulier, que les rhéteurs de la Grèce avaient d'ambition pour s'emparer de l'autorité suprême dans une république. Un avocat ne perd rien, et gagne même de l'argent, en perdant la cause qu'il plaide. Est-il jeune? il se hâte de plaider avec un peu d'élégance, pour acquérir quelque réputation, et sans avoir jamais étudié ni le fond des lois, ni les grands modèles de l'antiquité. A-t-il quelque réputation établie? il cesse de plaider, et se borne aux consultations, où il s'enrichit. Les avocats les plus estimables sont ceux qui exposent nettement les faits, qui remontent avec précision à un principe de droit, et qui répondent aux objections suivant ce principe. Mais

1. La seconde raison est l'avantage que donnait aux Grecs leur constitution politique. Chez eux tout consistait dans les succès de la parole; c'est pourquoi ils durent nécessairement exceller dans l'éloquence; or, les mêmes priviléges n'appartiennent pas aux sociétés monarchiques. Il est bien vrai que l'éloquence politique ne saurait exister que sous un régime de liberté. En fait, les anciens monuments de l'éloquence politique en France, les discours prononcés dans les parlements et les états généraux, étaient au temps de Fénelon d'assez faible importance. — Pour les faits rapportés par Diodore de Sicile, voir l. XIII, c. 19-23. — En ce qui regarde les Siciliens, auxquels se rapporte la cruelle versatilité mentionnée ici, et la disposition trop grande à céder aux discours, Cicéron (*Brut.*, c. 12), parlant de ce peuple, s'exprime ainsi : *acuta illa gens*. — L'auteur ne fait qu'aborder la question; il montre, avec des arguments analogues à ceux de Perrault, le grand adversaire des anciens, que ceux-ci se trouvaient, par rapport aux modernes, dans des conditions plus favorables, et il ne conclut pas; il ne dit pas si, malgré ces avantages, ils l'ont réellement emporté; c'était bien là son opinion, à lui qui fut, dans son style et dans ses études, le plus illustre partisan de l'antiquité. Il reviendra plus longuement sur cette question en terminant, mais sa conclusion sera toujours prudente et peu décidée.

où sont ceux qui possèdent le grand art d'enlever la persuasion, et de remuer les cœurs de tout un peuple [1] ?

Oserai-je parler avec la même liberté sur les prédicateurs? Dieu sait combien je révère les ministres de la parole de Dieu ; mais je ne blesse aucun d'entre eux person-
nellement, en remarquant en général qu'ils ne sont pas
tous également humbles et détachés [2]. De jeunes gens [3]
sans réputation se hâtent de prêcher. Le public s'imagine
voir qu'ils cherchent moins la gloire de Dieu que la leur
et qu'ils sont plus occupés de leur fortune que du salut des
âmes. Ils parlent en orateurs brillants, plutôt qu'en *ministres de J.-C.* et en *dispensateurs de ses mystères*. Ce n'est
point avec cette ostentation de paroles que S. Pierre an-
nonçait Jésus crucifié, dans ces sermons qui convertis-
saient tant de milliers d'hommes [4].

Veut-on apprendre de S. Augustin les règles d'une éloquence sérieuse et efficace? Il distingue, après Cicéron,
trois divers genres suivant lesquels on peut parler. Il faut,
dit-il, parler d'une façon abaissée et familière, pour instruire, *submisse*. Il faut parler d'un façon douce, gracieuse
et insinuante, pour faire aimer la vérité, *temperate*. Il faut
parler d'une façon grande et véhémente, quand on a besoin
d'entraîner les hommes, et de les arracher à leurs passions,
granditer. Il ajoute qu'on ne doit user des expressions qui
plaisent, qu'à cause qu'il y a peu d'hommes assez raison-
nables pour goûter une vérité qui est sèche et nue dans un
discours. Pour le genre sublime et véhément, il ne veut

---

1. Cette peinture de l'éloquence judiciaire d'alors n'est point satirique;
on n'y fait pas d'allusion à la façon de
Petit-Jean ; mais aussi elle prouve peu
en faveur du barreau avant Fénelon.
Pourtant il y avait eu Lemaître, Patru
et d'autres encore, dont notre auteur
aurait pu rappeler la mémoire. Mais
ces orateurs eux-mêmes avaient-ils possédé ce que Fénelon exprime ici supé-
rieurement : « le grand art d'enlever
la persuasion et de remuer les cœurs de
tout un peuple? »

2. « Détachés » d'eux-mêmes, exempts
de tout intérêt de fortune ou de réputation.

3. On dit : « Des jeunes gens, et non

« de jeunes gens; » l'adjectif, dans ce
cas spécial, est devenu inséparable du
substantif; on serait fondé à joindre les
deux mots par un trait d'union.

4. « Ostentation de paroles. » *Osten-
tare,* fréquentatif de *ostendere,* offre
un beau sens en français comme en latin, et qui peint parfaitement l'action
de faire parade d'une éloquence prétendue. — L'auteur rentre ici, sur les
prédicateurs, dans un système de critique qui se retrouve au premier dialogue sur l'Eloquence. Fénelon n'a cessé
de faire la guerre à ceux qui annoncent
la parole sainte en rhéteurs, et ne paraissent en chaire qu'avec une éloquence
apprêtée et dépourvue d'onction.

point qu'il soit fleuri : *Non tam verborum ornatibus comptum est, quam violentum animi affectibus... Fertur quippe impetu suo, et elocutionis pulchritudinem, si occurrerit, vi rerum rapit, non cura decoris assumit.* « Un homme, dit encore ce Père, qui combat très-courageusement avec une » épée enrichie d'or et de pierreries, se sert de ces armes, » parce qu'elles sont propres au combat, sans penser à » leur prix [1]. » Il ajoute que Dieu avait permis que S. Cyprien eût mis des ornements affectés dans sa Lettre à Donat, « afin que la postérité pût voir combien la pureté » de la doctrine chrétienne l'avait corrigé de cet excès, et » l'avait ramené à une éloquence plus grave et plus modeste [2]. » Mais rien n'est plus touchant que les deux histoires que S. Augustin nous raconte, pour nous instruire de la manière de prêcher avec fruit.

Dans la première occasion il n'était encore que prêtre. Le saint évêque Valère le faisait parler pour corriger le peuple d'Hippone de l'abus des festins trop libres dans les solennités. Il prit en main le livre des Écritures [3]. Il y lut les reproches les plus véhéments [4]. Il conjura ses auditeurs par les opprobres, par les douleurs de J.-C., par sa croix, par son sang, de ne se perdre point eux-mêmes, d'avoir pitié de celui qui leur parlait avec tant d'affection, et de se souvenir du vénérable vieillard Valère, qui l'avait chargé, par tendresse pour eux, de leur annoncer la vérité. « Ce ne fut point, dit-il, en pleurant sur eux que je les » fis pleurer; mais pendant que je parlais, leurs larmes » prévinrent les miennes. J'avoue que je ne pus point alors

---

1. S. Augustin est entré ici dans les idées et dans les formules mêmes de Cicéron, comme on peut le voir en lisant l'*Orat*, c. 29. C'est au fond, avec d'autres expressions, la distinction classique des trois genres d'éloquence simple, tempérée, sublime. Fénelon explique en justes termes ces trois conditions. Les expressions de l'évêque d'Hippone sur le style sublime, qu'il appelle *granditer loqui*, sont remarquables; il était impossible de mieux caractériser ce style que par ces traits : *fertur impetu suo*, etc. La comparaison qui suit est juste autant que poétique.

— La traduction de ce passage, *non quia pretiosa, sed quia arma sunt*, est plus élégante que précise. — C'est dans le traité de la Doctrine chrétienne, au l. IV, c. 20 et *passim*, que se trouvent les beaux préceptes enseignés par cet illustre Père.

2. Sur l'époque de saint Cyprien, voir le troisième dialogue sur l'Éloquence.

3. L'évangile du jour où il est dit : Ne jetez pas aux chiens les choses saintes, *nolite dare sanctum canibus* (Matth. XII, 6).

4. « *Vehemens*, » violent, qui entraîne, *quod vehit*.

» me retenir. Après que nous eûmes pleuré ensemble, je
» commençai à espérer fortement leur correction [1]. » Dans
la suite il abandonna le discours qu'il avait préparé, parce
qu'il ne lui paraissait plus convenable à la disposition des
esprits. Enfin il eut la consolation de voir ce peuple docile
et corrigé dès ce jour-là.

Voici l'autre occasion où ce Père enleva les cœurs [2].
Écoutons ses paroles : « Il faut bien se garder de croire
» qu'un homme a parlé d'une façon grande et sublime,
» quand on lui a donné de fréquentes acclamations et de
» grands applaudissements. Les jeux d'esprit du plus bas
» genre, et les ornements du genre tempéré attirent de tels
» succès. Mais le genre sublime accable souvent par son
» poids, et ôte même la parole ; il réduit aux larmes. Pen-
» dant que je tâchais de persuader au peuple de Césarée
» en Mauritanie, qu'il devait abolir un combat des ci-
» toyens,... où les parents, les frères, les pères et les en-
» fants, divisés en deux partis, combattaient en public
» pendant plusieurs jours de suite en un certain temps de
» l'année, et chacun s'efforçait de tuer celui qu'il atta-
» quait : je me servis, selon toute l'étendue de mes forces,
» des plus grandes expressions pour déraciner des cœurs
» et des mœurs de ce peuple une coutume si cruelle et si
» invétérée. Je ne crus néanmoins avoir rien gagné, pen-
» dant que je n'entendis que leurs acclamations ; mais j'es-
» pérai quand je les vis pleurer. Les acclamations mon-
» traient que je les avais instruits, et que mon discours
» leur faisait plaisir ; mais leurs larmes marquèrent qu'ils
» étaient changés. Quand je les vis couler, je crus que cette
» horrible coutume, qu'ils avaient reçue de leurs ancêtres,
» et qui les tyrannisait depuis si longtemps, serait abolie...
» Il y a déjà environ huit ans, ou même plus, que ce peu-
» ple, par la grâce de Jésus-Christ, n'a entrepris rien de
» semblable. » Si saint Augustin eût affaibli son discours

---

1. Les paroles du texte sont pathétiques : ... *Et quum jam pariter flevisse-
mus, plenissima spe correctionis illorum,
finis sermonis mei factus est* (*loc. cit.*,
n° 7). Voir aussi *ép. 29, ad Alypium ;* et

Rollin, *Traité des études*, l. IV, c. 2, n° 3.
2. « Enlever les cœurs, » et plus
haut : «enlever la persuasion,» expressions choisies, fortes et vraies, comme
sentiment et comme image.

par les ornements affectés du genre fleuri, il ne serait jamais parvenu à corriger les peuples d'Hippone et de Césarée[1].

Démosthène a suivi cette règle de la véritable éloquence. « O Athéniens, disait-il, ne croyez pas que Philippe soit » comme une divinité à laquelle la fortune soit attachée. » Parmi les hommes qui paraissent dévoués à ses intérêts, » il y en a qui le haïssent, qui le craignent, qui en sont » envieux..... Mais toutes ces choses demeurent comme » ensevelies par votre lenteur et votre négligence..... » Voyez, ô Athéniens, en quel état vous êtes réduits. Ce » méchant homme est parvenu jusqu'au point de ne vous » laisser plus le choix entre la vigilance et l'inaction. Il » vous menace ; il parle, dit-on, avec arrogance ; il ne » peut plus se contenter de ce qu'il a conquis sur vous ; il » étend de plus en plus chaque jour ses projets pour vous » subjuguer; il vous tend des piéges de tous les côtés, pen- » dant que vous êtes sans cesse en arrière et sans mouve- » ment. Quand est-ce donc, ô Athéniens, que vous ferez ce » qu'il faut faire ? Quand est-ce que nous verrons quelque » chose de vous ? Quand est-ce que la nécessité vous y dé- » terminera ? Mais que faut-il croire de ce qui se fait ac- » tuellement ? Ma pensée est qu'il n'y a pour des hommes » libres aucune plus pressante nécessité que celle qui ré- » sulte de la honte d'avoir mal conduit ses propres affaires. » Voulez-vous achever de perdre votre temps ? Chacun » ira-t-il encore çà et là dans la place publique, faisant » cette question : *N'y a-t-il aucune nouvelle ?* Eh ! que peut-

---

1. S. Augustin commence par poser en termes excellents le précepte oratoire sur l'emploi du sublime ; puis il confirme le précepte par un autre récit où se montre un des plus beaux triomphes de l'éloquence chrétienne. Quelques traits de la traduction qu'en donne Fénelon sont à remarquer : — « Déraciner des cœurs et des mœurs, » traduit parfaitement le texte : *De cordibus et moribus avellere.* — « Les acclamations montraient que je les avais instruits et que mon discours leur faisait plaisir : mais leurs larmes marquèrent qu'ils étaient changés. » Le texte dit cela, mais mieux et avec une singulière précision : *Acclamationibus quidem se doceri et delectari, flecti autem lacrymis indicabant.* — « Ce qui les tyrannisait depuis longtemps ; » le texte dit plus explicitement : *Quæ pectora eorum hostiliter obsidebat, vel potius possidebat.* — Fénelon conclut très-bien que S. Augustin n'aurait aucunement réussi en employant « le style fleuri et les ornements affectés. » — Style fleuri ou tempéré, qui donne des fleurs et ne s'inquiète pas de produire des fruits.

» il y avoir de plus nouveau, que de voir un homme de
» Macédoine qui dompte les Athéniens, et qui gouverne
» toute la Grèce? *Philippe est mort*, dit quelqu'un. *Non*
» dit un autre, *il n'est que malade*. Eh ! que vous importe,
» puisque, s'il n'était plus, vous vous feriez bientôt un
» autre Philippe [1] ? » Voilà le bon sens qui parle sans autre
ornement que sa force. Il rend la vérité sensible à tout le
peuple. Il le réveille, il le pique, il lui montre l'abîme ouvert. Tout est dit pour le salut commun ; aucun mot n'est
pour l'orateur. Tout instruit et touche ; rien ne brille [2].

Il est vrai que les Romains suivirent assez tard l'exemple
des Grecs pour cultiver les belles-lettres.

> Graiis ingenium, Graiis dedit ore rotundo
> Musa loqui, præter laudem nullius avaris.
> Romani pueri longis rationibus assem, etc.

Les Romains étaient occupés des lois, de la guerre, de
l'agriculture, et du commerce d'argent. C'est ce qui faisait
dire à Virgile :

> Excudent alii spirantia mollius æra,
> . . . .
> Tu regere imperio populos, etc. [3]

. Fénelon, qui se laisse aller au cours de sa mémoire, remonte ici sans transition à Démosthène et au célèbre passage de la première philippique, dans lequel le grand orateur gourmande les Athéniens de leur peu d'activité, et leur reproche, avec une incomparable éloquence, leur apathie en présence des succès de Philippe, qui s'accroît et les menace de près, tandis qu'ils se contentent de s'entretenir de lui : « N'y a-t-il aucune nouvelle ? Eh ! que peut-il y avoir ? » Tout le morceau, et ce dernier trait en particulier, est parfaitement traduit : λέγεταί τι καινόν ; γένοιτο γὰρ ἄν τι καινότερον ἢ Μακεδὼν ἀνὴρ Ἀθηναίους καταπολεμῶν καὶ τὰ τῶν ἑλλήνων διοικῶν ; τέθνηκε Φίλιππος ; — Οὐ μὰ Δί', ἀλλ' ἀσθενεῖ, Τί δ' ὑμῖν διαφέρει; καὶ γὰρ, ἄν οὗτος πάθῃ, ταχέως ὑμεῖς ἕτερον Φίλιππον ποιήσετε. — Jamais l'arme de l'ironie n'a été plus acerbe ; jamais l'invective patriotique n'a été portée, comme elle l'est dans tout le passage cité ici, au plus haut degré de la véhémence oratoire.

2. Le commentaire qu'en donne notre auteur est achevé ; chaque mot porte. « Le bon sens parle sans autre ornement que sa force. » Pouvait-on mieux caractériser l'orateur athénien ? On voit « l'abîme ouvert ; » ajoutez la simplicité vive de cette finale : « rien ne brille. »

3. Hor., *Ars poet.*, v. 223 ; Virg., *Æn.*, l. VI, v. 848. — L'auteur passe des Grecs aux Romains, dont il touche en passant les origines littéraires d'après Horace et Virgile. Le premier de ces deux poëtes raconte avec esprit comment ce peuple s'était concentré dans les occupations positives qui devaient lui procurer une force invincible. — *Ore rotundo*, d'une bouche ronde, har-

Salluste fait un beau portrait des mœurs de l'ancienne Rome, en avouant qu'elle négligeait les lettres : *Pruden-tissumus quisque maxume negotiosus erat; ingenium nemo sine corpore exercebat: optumus quisque facere quam dicere, sua ab aliis bene facta laudari quam ipse aliorum narrare malebat* [1].

Il faut néanmoins avouer, suivant le rapport de Tite Live, que l'éloquence nerveuse [2] et populaire était déjà bien cultivée à Rome dès le temps de Manlius [3]. Cet homme, qui avait sauvé le Capitole contre les Gaulois, voulait soulever le Peuple contre le gouvernement. *Quousque tandem,* dit-il, *ignorabitis vires vestras, quas natura ne belluas quidem ignorare voluit? Numerate saltem quot ipsi sitis. Tamen acrius crederem vos pro libertate quam illos pro dominatione certaturos... Quousque me circumspectabitis* [4] ? *Ego quidem nulli vestrûm deero, etc.* Ce puissant orateur enlevait tout le Peuple pour se procurer l'impunité, en tendant les mains vers le Capitole, qu'il avait sauvé autrefois. On ne put obtenir sa mort de la multitude, qu'en le menant dans un bois sacré, d'où il ne pouvait plus montrer le Capitole aux citoyens. *Apparuit tribunis,* dit Tite Live, *nisi oculos quoque hominum liberassent ab tanti memoria decoris, nunquam fore in præoccupatis beneficio animis vero*

monieuse. — Virgile montre en vers magnifiques comment les Romains, occupés à devenir les maîtres du monde, à pardonner aux vaincus et à subjuguer les superbes, avaient dédaigné ou négligé les arts des Grecs.

1. *Bell. Cat.* Le texte de Salluste explique la même pensée ; mais cet énergique historien ajoute une idée qui est à lui : « Les Romains alors aimaient mieux faire des actions mémorables que raconter celle des autres. »

2. Les nerfs sont la force du corps humain ; c'est pourquoi on les a pris au figuré pour l'image de la force intérieure, de ce qu'il y a d'énergie dans le caractère, ou même dans le talent. *Sectantem lævia nervi deficiunt.* (Hor., *Art. poet.*, v. 26.) — « Eloquence nerveuse. » Ces mots ont un sens fort clair et qui convient surtout aux orateurs de l'école de Démosthènes.

3. Fénelon semble oublier ici que Tite Live est l'auteur des discours (si souvent éloquents, et toujours admirables par le détail littéraire) qu'il met dans la bouche des personnages dont il écrit l'histoire ; aussi la couleur locale se trouve-t-elle assez peu dans ces discours, où l'on retrouve, malgré la différence des hommes et des âges, partout la même époque et la même plume.

4. Ce fréquentatif est d'un grand effet; il rappelle le spondaïque de Virgile (*Æn.*, l. ii; *Phrygia agmina circumspexit*). Le trait de Tite Live est fort difficile à traduire. Dureau de Lamalle en fait disparaître toute la beauté en disant : « Ne compterez-vous jamais que sur moi seul ? » — Il est à croire que Manlius ne fut rien moins qu'éloquent; il n'en était pas de même de l'historien, qui a prêté tant d'éloquence à ces rudes héros de l'ancienne Rome, plus habiles au bien agir qu'au bien dire.

crimini locum... Ibi crimen valuit, etc [1]. Chacun sait combien l'éloquence des Gracques causa de trouble. Celle de Catilina mit la République dans le plus grand péril [2]. Mais cette éloquence ne tendait qu'à persuader, et à émouvoir les passions. Le bel esprit n'y était d'aucun usage. Un déclamateur fleuri n'aurait eu aucune force dans les affaires.

Rien n'est plus simple que Brutus, quand il se rend supérieur à Cicéron, jusqu'à le reprendre et à le confondre. « Vous demandez, lui dit-il, la vie à Octave. Quelle mort » serait aussi funeste? Vous montrez par cette demande » que la tyrannie n'est pas détruite, et qu'on n'a fait que » changer de tyran. Reconnaissez vos paroles. Niez, si » vous l'osez, que cette prière ne convient qu'à un roi à » qui elle est faite par un homme réduit à la servitude. » Vous dites que vous ne lui demandez qu'une seule grâce, » savoir, qu'il veuille bien sauver la vie des citoyens qui » ont l'estime des honnêtes gens et de tout le peuple romain. Quoi donc, à moins qu'il ne le veuille, nous ne » serons plus? Mais il vaut mieux n'être plus que d'être » par lui. Non, je ne crois point que tous les dieux soient » déclarés contre le salut de Rome, jusqu'au point de vouloir qu'on demande à Octave la vie d'aucun citoyen, encore moins celle des libérateurs de l'univers..... O Cicéron, vous avouez qu'Octave a un tel pouvoir, et vous » êtes de ses amis! Mais si vous m'aimez, pouvez-vous désirer de me voir à Rome, lorsqu'il faudrait me recommander à cet enfant, afin que j'eusse la permission d'y » aller? Quel est donc celui que vous remerciez de ce qu'il » souffre que je vive encore? Faut-il regarder comme un » bonheur, de ce qu'on demande cette grâce à Octave plu-

---

1. La vue du Capitole sauvé par Manlius aurait pu empêcher ses juges de le condamner; ce n'était pas une preuve de son éloquence, mais un souvenir de ses services toujours vivant dans le peuple.

2. Les Gracques étaient doués d'une ardente éloquence; mais on ne voit pas qu'il en ait été de même de Catilina. Malgré les torts des Gracques, ce furent des citoyens héroïques et dévoués; on ne saurait placer à côté d'eux Catilina, odieux scélérat, qui ne rêvait que la subversion de la patrie. Salluste dit de lui simplement qu'il était assez éloquent, *satis eloquentiæ*, et le discours militaire, fort beau, qu'il lui prête, est sans aucun doute l'œuvre propre de l'historien.

» tôt qu'à Antoine?... C'est cette faiblesse et ce désespoir,
» que les autres ont à se reprocher comme vous, qui ont
» inspiré à César l'ambition de se faire roi..... Si nous
» nous souvenions que nous sommes Romains,... ils n'au-
» raient pas eu plus d'audace pour envahir la tyrannie,
» que nous de courage pour la repousser..... O vengeur de
» tant de crimes, je crains que vous n'ayez fait que re-
» tarder un peu notre chute. Comment pouvez-vous voir
» ce que vous avez fait? etc. [1] » Combien ce discours serait-
il énervé, indécent [2] et avili, si on y mettait des pointes et
des jeux d'esprit? Faut-il que les hommes chargés de parler en apôtres recueillent avec tant d'affectation les fleurs
que Démosthène, Manlius et Brutus ont foulées aux pieds?
Faut-il croire que les ministres évangéliques sont moins
sérieusement touchés du salut éternel des peuples que Démosthène ne l'était de la liberté de sa patrie, que Manlius
n'avait d'ambition pour séduire la multitude, que Brutus
n'avait de courage pour aimer mieux la mort qu'une vie
due au tyran [3]?

J'avoue que le genre fleuri a ses grâces ; mais elles sont
déplacées dans les discours où il ne s'agit point d'un jeu
d'esprit plein de délicatesse, et où les grandes passions
doivent parler [4]. Le genre fleuri n'atteint jamais au sublime. Qu'est-ce que les anciens auraient dit d'une tragédie
où Hécube aurait déploré ses malheurs par des poin-

---

1. Quel traducteur excellent, quel habile professeur de rhétorique, se montre en beaucoup d'endroits de cet ouvrage l'archevêque de Cambrai ! Il faut lire dans le texte (ad Brut., ep. 16) cette lettre de Brutus dont l'authenticité a pu être contestée, mais dont l'éloquence est admirable, et la comparer avec la traduction donnée par Fénelon ; jamais traduction n'a serré le texte de plus près, n'a moins fait sentir l'effort du traducteur, et n'a mieux ressemblé à un original plein de style, énergique et vivant.

2. « Indécent, » le latin indecens; quod non decet, déplacé, qui ne convient pas ; ne se dirait plus dans ce sens.

3. Après ces beaux exemples, em-pruntés à l'éloquence antique, Fénelon rentre naturellement, par un a fortiori parfaitement motivé, dans son objet plus particulier, l'éloquence sacrée, et continue à prouver, comme il l'a fait dans les Dialogues, que cette éloquence n'a de valeur qu'autant qu'elle est noble, désintéressée et exempte d'ornements affectés.

4. Le critique admet, pour l'emploi du style tempéré, certains genres secondaires, où l'on écrit pour plaire, et où le peu d'esprit et « la délicatesse » peuvent s'exercer en liberté; mais ce style ne convient pas dans un discours où parlent les « grandes passions, » c'est-à-dire les passions généreuses, l'amour de la patrie, et encore plus le service de la religion.

tes [1]? La vraie douleur ne parle point ainsi. Que pourrait-on croire d'un prédicateur qui viendrait montrer aux pécheurs le jugement de Dieu pendant sur leur tête [2], et l'enfer ouvert sous leurs pieds, avec les jeux de mots les plus affectés?

Il y a une bienséance à garder pour les paroles, comme pour les habits. Une veuve désolée ne porte point le deuil avec beaucoup de broderie, de frisure et de rubans [3]. Un missionnaire apostolique ne doit point faire de la parole de Dieu une parole vaine et pleine d'ornements affectés [4]. Les Païens mêmes auraient été indignés de voir une comédie si mal jouée.

> Ut ridentibus arrident, ita flentibus adsunt
> Humani vultus. Si vis me flere, dolendum est
> Primum ipsi tibi; tunc tua me infortunia lædent,
> Telephe vel Peleu : male si mandata loqueris,
> Aut dormitabo aut ridebo. Tristia mœstum
> Vultum verba decent [5].

Il ne faut pas faire à l'Éloquence le tort de penser qu'elle n'est qu'un art frivole, dont un déclamateur se sert pour imposer à la faible imagination de la multitude, et pour trafiquer de la parole [6]. C'est un art très-sérieux, qui est destiné à instruire, à réprimer les passions, à corriger les mœurs, à soutenir les lois, à diriger les délibérations publiques, à rendre les hommes bons et heureux. Plus un déclamateur ferait d'efforts pour m'éblouir [7] par les pres-

---

1. C'est ce qui pourtant arrive assez souvent à Euripide dans l'*Hécube*, une pièce d'ailleurs si bien pénétrée de pathétique, et où la douleur fait entendre des accents si capables d'émouvoir. — Voyez Boileau, *Art poétique :* « Que devant Troie en flamme... » chant 3.

2. « Pendant sur leur tête. » Expression latine qui s'emploie encore très-bien, mais modifiée : suspendu sur leur tête.

3. Rapprochement ingénieux et assez peu relevé.

4. « C'est avoir de l'esprit que de plaire au peuple dans un sermon par un style fleuri, une morale enjouée, des figures réitérées, des traits brillants et de vives descriptions; mais ce n'est

pas en avoir assez. Un meilleur esprit néglige ces ornements étrangers, indignes de servir à l'Evangile. » (La Bruyère, *loc. cit.*)

5. Hor., *Ars poet.*, v. 101. — *Aut dormitabo, aut ridebo.* C'est ce que Fénelon explique heureusement par ce mot : « On s'indigne de voir une comédie si mal jouée. »

6. « Trafiquer de la parole. » Expression énergique et méprisante; celui qui fait métier et marchandise de sa parole ne tarde pas à faire bon marché de sa pensée. Plus bas l'auteur ne distingue pas un tel industriel de ce qu'il appelle « un charlatan qui vend ses remèdes. »

7. « Eblouir. » Le sens propre de ce verbe est l'idée de faire paraître aux re-

tiges de son discours, plus je me révolterais [1] contre sa vanité. Son empressement pour faire admirer son esprit me paraîtrait le rendre indigne de toute admiration. Je cherche un homme sérieux, qui me parle pour moi et non pour lui, qui veuille mon salut, et non sa vaine gloire. L'homme digne d'être écouté est celui qui ne se sert de la parole que pour la pensée, et de la pensée que pour la vérité et la vertu [2]. Rien n'est plus méprisable qu'un parleur de métier [3], qui fait de ses paroles ce qu'un charlatan fait de ses remèdes.

Je prends pour juges de cette question les Païens mêmes. Platon ne permet dans sa République aucune musique avec les tons efféminés des Lydiens. Les Lacédémoniens excluaient de la leur tous les instruments trop composés, qui pouvaient amollir les cœurs. L'harmonie qui ne va qu'à flatter l'oreille n'est qu'un amusement de gens faibles et oisifs ; elle est indigne d'une république bien policée. Elle n'est bonne qu'autant que les sons y conviennent au sens des paroles, et que les paroles y inspirent des sentiments vertueux. La Peinture, la Sculpture et les autres beaux-arts doivent avoir le même but. L'Éloquence doit, sans doute, entrer dans le même dessein. Le plaisir n'y doit être mêlé que pour faire le contre-poids des mauvaises passions, et pour rendre la vertu aimable [4].

Je voudrais qu'un orateur se préparât longtemps en général, pour acquérir un fonds de connaissances, et pour se rendre capable de faire de bons ouvrages. Je voudrais que

gards des étincelles bleues, des bluettes, qui font que l'on ne voit rien, alors que l'on reçoit l'impression d'une lumière vive, mais factice. Cette image d'un fait physique a dû passer naturellement du sens physique au sens moral.

1. « Se révolter, *volvere, volutare,* » action de se tourner, se précipiter contre quelqu'un.

2. Phrase célèbre, axiome qui devrait être écrit en lettres d'or, et demeurer constamment sous les regards de tous ceux qui prétendent au ministère d'écrivain. Le style est l'expression de la pensée, et les grandes pensées viennent du cœur. — Comparez ce passage de Fénelon avec l'éloge que Cicéron fait de l'Éloquence (*De orat.*, l. 1, c. 8) Cicéron parle des puissants effets de l'art de parler; Fénelon voit surtout son but moral et son influence sur le progrès des âmes dans la vertu.

3. C'est un parleur étrange, et qui
[trouve toujours
L'art de ne vous rien dire avec de
[grands discours.
(MOL., *le Misanth.*)

4. La doctrine platonicienne sur l'éloquence et sa subordination à la vertu est ici parfaitement résumée; il l'avait exposée dans son premier dialogue. — Le passage que rappelle ici Fénelon est au troisième livre *de la République.*

cette préparation générale le mît en état de se préparer
moins pour chaque discours particulier. Je voudrais qu'il
fût naturellement très-sensé, et qu'il ramenât tout au bon
sens ; qu'il fît de solides études ; qu'il s'exerçât à raisonner
avec justesse et exactitude, se défiant de toute subtilité.
Je voudrais qu'il se défiât de son imagination, pour ne se
laisser jamais dominer par elle, et qu'il fondât chaque discours sur un principe indubitable, dont il tirerait les conséquences naturelles [1].

> Scribendi recte sapere est et principium et fons :
> Rem tibi Socraticæ poterunt ostendere chartæ,
> Verbaque provisam rem non invita sequentur.
> Qui didicit patriæ quid debeat, et quid amicis, etc. [2].

D'ordinaire un déclamateur fleuri ne connaît point les
principes d'une saine philosophie, ni ceux de la doctrine
évangélique pour perfectionner les mœurs. Il ne veut que
des phrases brillantes et que des tours ingénieux. Ce qui
lui manque le plus est le fond des choses. Il sait parler
avec grâce, sans savoir ce qu'il faut dire. Il énerve les plus
grandes vérités par un tour vain et trop orné [3].

Au contraire, le véritable orateur n'orne son discours
que de vérités lumineuses [4], que de sentiments nobles, que
d'expressions fortes et proportionnées à ce qu'il tâche

1. Fénelon développe en cet endroit
les dispositions préparatoires qui doivent
être celles de l'orateur, avant de se livrer à l'exercice public de la parole ;
ces dispositions sont la science, le bon
sens, le raisonnement sûr, et l'art de
faire tout reposer sur un principe solide.

2. Hor., *Ars poet.*, v. 309. — L'art
de penser doit précéder celui d'écrire ;
il en est «le principe et la source,» dit
Horace ; on ne saurait parler plus ex-
pressément. Ces hautes doctrines, qui
donnent pour base au génie littéraire la
sagesse, la morale socratique, descen-
dent de Platon, et sont venues à Fénelon en traversant les grands rhéteurs
romains, Horace et Cicéron.

3. Le discours de Buffon sur le style
doit être rapproché des beaux préceptes
donnés un siècle auparavant par Fénelon. «Rien n'est plus opposé à la véritable éloquence que l'emploi de ces
pensées fines, et la recherche de ces
idées légères, déliées, sans consistance,
et qui, comme la feuille de métal battu,
ne prennent de l'éclat qu'en perdant de
la solidité. Ainsi, plus on mettra de cet
esprit mince et brillant dans un écrit,
moins il aura de nerf, de lumière, de
chaleur et de style ; à moins que cet
esprit ne soit lui-même le fond du sujet, alors l'art de dire de petites choses
devient peut-être plus difficile que l'art
d'en dire de grandes.» Cette dernière
observation n'est pas sans finesse, mais
elle dit peu de chose et manque de portée. En général, il y a plus de largeur
et en même temps plus d'élévation dans
les préceptes de Fénelon que dans les
observations ingénieuses de l'historien
de la nature parlant sur le style.

4. «Vérités lumineuses.» Belle et

d'inspirer. Il pense, il sent, et la parole suit [1]. *Il ne dépend point des paroles*, dit saint Augustin, *mais les paroles dépendent de lui* [2]. Un homme qui a l'âme forte et grande, avec quelque facilité naturelle de parler, et un grand exercice, ne doit jamais craindre que les termes lui manquent. Ses moindres discours auront des traits originaux, que les déclamateurs fleuris ne pourront jamais imiter. Il n'est point esclave des mots ; il va droit à la vérité [3]. Il sait que la passion est comme l'âme de la parole [4]. Il remonte d'abord au premier principe sur la matière qu'il veut débrouiller. Il met ce principe dans son vrai point de vue : il le tourne et le retourne, pour y accoutumer ses auditeurs les moins pénétrants. Il descend jusqu'aux dernières conséquences par un enchaînement court et sensible. Chaque vérité est mise en sa place par rapport au tout. Elle prépare, elle amène, elle appuie une autre vérité, qui a besoin de son secours. Cet arrangement sert à éviter les répétitions qu'on peut épargner au lecteur. Mais il ne retranche aucune des répétitions par lesquelles il est essentiel de ramener souvent l'auditeur au point qui décide lui seul de tout [5].

Il faut lui montrer souvent la conclusion dans le principe. De ce principe, comme du centre, se répand la lumière sur toutes les parties de cet ouvrage, de même qu'un peintre place dans son tableau le jour, en sorte que d'un seul endroit il distribue à chaque objet son degré de lumière [6]. Tout le discours est un ; il se réduit à une seule

---

juste épithète ; la vérité doit frapper les yeux de l'esprit comme la lumière ceux du corps.

1. Axiome vif et sensible, plus expressif que le vers d'Horace, qu'il traduit : *Verbaque provisam rem*, etc., et le vers de Boileau :

Et les mots pour le dire arrivent aisément.

2. *Nec doctor verbis serviat, sed verba doctori.* — *De doctr. christ.*, l. IV, c. 28, n° 61.

3. « Il va droit à la vérité, rien ne l'arrête, les mots ne l'enchaînent pas ; il n'est pas leur esclave. » Superbe langage.

4. Il faut bien entendre ce mot : « La passion est l'âme de la parole. » Cela est vrai de la parole oratoire peut-être ; mais s'il s'agit de la parole en général, c'est la pensée qui est son âme, et c'est à elle, avant tout chose, qu'il faut obéir.

5. Il y a dans ce développement une théorie complète de l'art d'écrire, de l'art de composer.

6. Comparaison d'une parfaite justesse. Pour l'écrivain, de même que pour le peintre, le grand art est de distribuer la lumière comme d'un centre ; pour l'écrivain, ce centre, c'est le principe qu'il a posé ; pour le peintre, c'est le point d'où il fait venir le jour.

proposition mise au plus grand jour par des tours variés. Cette unité de dessein fait qu'on voit d'un seul coup d'œil l'ouvrage entier, comme on voit de la place publique d'une ville toutes les rues et toutes les portes, quand toutes les rues sont droites, égales et en symétrie[1]. Le discours est la proposition développée : la proposition est le discours en abrégé.

Denique sit quodvis simplex[2] duntaxat et unum.

Quiconque ne sent pas la beauté et la force de cette unité et de cet ordre n'a encore rien vu au grand jour : il n'a vu que des ombres dans la caverne de Platon[3]. Que dirait-on d'un architecte qui ne sentirait aucune différence entre un grand palais, dont tous les bâtiments seraient proportionnés pour former un tout dans le même dessein, et un amas confus de petits édifices qui ne feraient point un vrai tout, quoiqu'ils fussent les uns auprès des autres? Quelle comparaison entre le Colisée et une multitude confuse de maisons irrégulières d'une ville? Un ouvrage n'a une véritable unité, que quand on ne peut en rien ôter sans couper dans le vif. Il n'a un véritable ordre, que quand on ne peut en déplacer aucune partie sans affaiblir, sans obscurcir, sans déranger le tout[4]. C'est ce qu'Horace explique parfaitement :

1. Si cette comparaison n'est pas très-juste, elle est du moins fort ingénieuse ; mais il faut supposer une ville, comme on n'en voit guère, qui, de la place d'armes, se laisse voir tout entière.

2. HOR., Ars poet., v. 23.

3. « La caverne de Platon est une allégorie très-célèbre et d'un sens admirable. Le disciple de Socrate suppose que des captifs, enchaînés dans une caverne et les yeux tournés sur un mur à l'opposé de la lumière, prennent pour des réalités les figures qui s'y dessinent. Ainsi nous sommes ici-bas, prenant l'ombre pour le jour et l'apparence pour la vérité. De même aussi, selon notre auteur, celui qui ne connaît pas l'ordre véritable et n'a pas conçu l'unité, ne saurait dire qu'il ait vu, en littérature aussi bien qu'en tout autre objet relevé, ce que Fénelon appelle « le grand jour. »

4. Nulle part la véritable unité, entendue dans sa vérité et dans sa grandeur, ne se trouve enseignée avec un accent plus digne d'elle. Il y a là une suite d'axiomes exprimés avec une incomparable précision. On peut remarquer ce beau choix de verbes, « affaiblir, obscurcir, déranger le tout, » et leur sens très-clair et croissant. Et toujours des images, et les plus exactes. Un édifice est la représentation assez fidèle de l'unité, un amas de maisons ne l'est pas. — Ajoutez que tout cela est très-pratique. Tout consiste à voir ce qui peut être ôté « sans couper dans le vif. » Ce sera votre moyen sûr de juger quand il faut retrancher ; il faut que cette opération ait lieu sans nuire à l'unité et décompléter l'œuvre.

... nec lucidus ordo.
Ordinis hæc virtus erit et venus, aut ego fallor,
Ut jam nunc dicat jam nunc debentia dici,
Pleraque differat et præsens in tempus omittat[1].

Tout auteur qui ne donne point cet ordre à son discours
ne possède pas assez sa matière : il n'a qu'un goût impar-
fait, et qu'un demi-génie. L'ordre est ce qu'il y a de plus
rare dans les opérations de l'esprit. Quand l'ordre, la justesse, la force et la véhémence se trouvent réunis, le discours est parfait. Mais il faut avoir tout vu, tout pénétré
et tout embrassé, pour savoir la place précise de chaque
mot. C'est ce qu'un déclamateur, livré à son imagination
et sans science, ne peut discerner[2].

Isocrate est doux, insinuant, plein d'élégance; mais
peut-on le comparer à Homère? Allons plus loin. Je ne
crains pas de dire que Démosthène me paraît supérieur à
Cicéron. Je proteste que personne n'admire Cicéron plus
que je fais. Il embellit tout ce qu'il touche; il fait honneur
à la parole; il fait des mots ce qu'un autre n'en saurait
faire; il a je ne sais combien de sortes d'esprit. Il est même
court et véhément toutes les fois qu'il veut l'être, contre
Catilina, contre Verrès, contre Antoine; mais on remarque
quelque parure dans son discours; l'art y est merveilleux,
mais on l'entrevoit; l'orateur, en pensant au salut de la
République, ne s'oublie pas, et ne se laisse point oublier.
Démosthène paraît sortir de soi, et ne voir que la patrie.
Il ne cherche point le beau; il le fait sans y penser. Il est
au-dessus de l'admiration. Il se sert de la parole, comme
un homme modeste de son habit pour se couvrir. Il tonne,
il foudroie: c'est un torrent qui entraîne tout. On ne peut
le critiquer, parce qu'on est saisi. On pense aux choses qu'il
dit, et non à ses paroles. On le perd de vue : on n'est occupé que de Philippe qui envahit tout. Je suis charmé de

---

1. Hor., *Ars poet.*, v. 41.
2. Buffon (*loc. cit.*) donne aussi les plus beaux préceptes sur l'ordre dans le style; c'est au fond la pensée d'Horace et celle de Fénelon, avec plus de so- lennité, plus de grandeur dans l'aperçu, mais moins de simplicité naïve et péné- trante, qualité propre de notre au- teur et qui, comme il l'a dit plus haut, « enlève la persuasion. »

ces deux orateurs ; mais j'avoue que je suis moins touché de l'art infini et de la magnifique éloquence de Cicéron, que de la rapide simplicité de Démosthène [1].

L'art se décrédite lui-même ; il se trahit en se montrant [2]. Isocrate, dit Longin, est tombé... dans une faute de petit écolier... Et voici par où il débute : *Puisque le discours a naturellement la vertu de rendre les choses grandes petites, et les petites grandes ; qu'il sait donner les grâces de la nouveauté aux choses les plus vieilles, et qu'il fait paraître vieilles celles qui sont nouvellement faites* [3]. Est-ce ainsi, dira quelqu'un, ô Isocrate, que vous allez changer toutes choses à l'égard des Lacédémoniens et des Athéniens? En faisant de cette sorte l'éloge du discours, il fait proprement un exorde pour exhorter ses audi-

---

1. Fénelon, dans ce paragraphe, revient sans transition à caractériser les orateurs antiques. Après quelques mots où il se montre plus indulgent envers Isocrate qu'il ne l'a été dans les Dialogues, il établit un parallèle entre les deux grands orateurs de la Grèce et de Rome. Il loue Cicéron, avec des restrictions légèrement ironiques, et se déclare pour Démosthène. Il le caractérise par les expressions dont l'antiquité s'était servie pour louer Périclès. « Il tonne, il foudroie ; c'est un torrent qui entraîne tout. » Aristophane, dans les Acharniens, v. 530. dit: Ἤστραπτεν, ἐβρόντα; *fulgere et tonare*, comme traduit Cicéron (*Or.*, c. 9). Un trait plus particulier à l'auteur français est celui-ci : « On ne peut le critiquer parce qu'on est saisi ; on le perd de vue, etc. » Dans un de ses *Dialogues des Morts*, le tour ironique, au profit de Démosthène, est plus vif : « Tu occupais l'assemblée de toi-même ; et moi je ne l'occupais que des affaires dont je parlais. On t'admirait ; et moi j'étais oublié par mes auditeurs, qui ne voyaient que le parti que je voulais leur faire prendre. Tu réjouissais par les traits de ton esprit ; et moi, je frappais, j'abattais, j'atterrais par des coups de foudre. Tu faisais dire : Ah! qu'il parle bien ! et moi je faisais dire : Allons, marchons contre Philippe. » — Revoir le parallèle de Démosthène et de Cicéron, dans les *Dialogues*. Longin, Denys d'Halicarnasse, Cicéron, Quintilien, ont tour à tour traité ce sujet ; Rollin, *Traité des* *Etudes*, l. 1er, c. 1, rappelle les arguments des deux parts. A ne considérer que ce qui appartient plus proprement à l'éloquence, savoir la véhémence irrésistible, l'orateur grec est assurément le premier ; mais pour la postérité, personnifiée dans un lecteur paisible, lequel, après deux mille ans, ne s'intéresse plus aux passions de l'Agora, que saurait-il y avoir de comparable à cette « magnifique éloquence » de Cicéron, « qui possède toutes les sortes d'esprit, qui embellit tout ce qu'il touche, » lors même qu'il faudrait reconnaître « qu'il ne s'oublie pas et ne se laisse pas oublier. » Il est bon, sans doute, que « l'homme modeste se serve de son habit pour se couvrir ; mais, quoi qu'en dise ici Fénelon, si le langage est le vêtement de la pensée, il est tenu d'embellir ce qu'il couvre ; Fénelon, cet écrivain si élégant, admirable artiste de la parole, le pense peut-être plus qu'il ne consent à le dire.

2. « Il se trahit en se montrant. » Défendre à l'art de se montrer, du moins de se laisser « entrevoir, » n'est guère possible. Le plus désintéressé ressemble à la bergère des *Eglogues : Fugit, sed se cupit ante videri.*

3. Cette phrase du rhéteur athénien se trouve au début du *Panégyrique* ; Longin, se plaçant au point de vue rigoureux du platonisme, en exagère un peu la portée. Isocrate n'a nullement envie d'engager ses auditeurs « à ne rien croire de ce qu'il va leur dire. »

teurs à ne rien croire de ce qu'il leur va dire. » En effet, c'est déclarer au monde que les orateurs ne sont que des sophistes, tels que le Gorgias de Platon [1] et que les autres rhéteurs de la Grèce, qui abusaient de la parole pour imposer au peuple.

Si l'Éloquence demande que l'Orateur soit homme de bien et cru tel, pour toutes les affaires les plus profanes [2], à combien plus forte raison doit-on croire ces paroles de S. Augustin sur les hommes qui ne doivent parler qu'en apôtres ? *Celui-là parle avec sublimité, dont la vie ne peut être exposée à aucun mépris* [3]. Que peut-on espérer des discours d'un jeune homme, sans fonds d'étude, sans expérience, sans réputation acquise, qui se joue de la parole, et qui veut peut-être faire fortune dans le ministère où il s'agit d'être pauvre avec Jésus-Christ, de porter la croix avec lui, en se renonçant, et de vaincre les passions des hommes pour les convertir [4] ?

Je ne puis me résoudre à finir cet article sans dire un mot de l'éloquence des Pères. Certaines personnes éclairées ne leur font pas une exacte justice. On en juge par quelque métaphore dure de Tertullien, par quelque période enflée de saint Cyprien ; par quelque endroit obscur de saint Ambroise, par quelque antithèse subtile et rimée de saint Augustin, par quelque jeu de mots de saint Pierre Chrysologue. Mais il faut avoir égard au goût dépravé des temps où les Pères ont vécu. Le goût commençait à se gâter à Rome peu de temps après celui d'Auguste. Juvénal a moins de délicatesse qu'Horace ; Sénèque le tragique et Lucain ont une enflure choquante. Rome tombait ; les études d'Athènes même étaient déchues, quand saint Basile et saint Grégoire de Nazianze y allèrent. Les raffinements d'esprit avaient prévalu. Les Pères, instruits par les mauvais rhé-

---

1. Il est parlé du **Gorgias de Platon** au premier dialogue.

2. « Profane » est un mot dont il faut se rendre compte. Le latin *profanus* signifie qui est en dehors du temple ; *fanum*, de *fari*, lieu consacré.

3. L'axiome antique : *Vir bonus dicendi peritus*.

4. L'auteur est rentré dans l'éloquence sacrée, et poursuit la doctrine, déjà développée dans les *Dialogues,* du désintéressement absolu que doit montrer le prédicateur de l'Evangile. Il achève en donnant sur l'éloquence des Pères quelques développements généralement empruntés au troisième dialogue.

teurs de leur temps, étaient entraînés dans le préjugé universel. C'est à quoi les gens sages mêmes ne résistent presque jamais [1]. On ne croyait pas qu'il fût permis de parler d'une façon simple et naturelle. Le monde était, pour la parole, dans l'état où il serait pour les habits, si personne n'osait paraître vêtu d'une belle étoffe, sans la charger de la plus épaisse broderie [2]. Suivant cette mode, il ne fallait point parler, il fallait déclamer. Mais si on veut avoir la patience d'examiner les écrits des Pères, on y verra des choses d'un grand prix. Saint Cyprien a une magnanimité [3] et une véhémence, qui ressemble à celle de Démosthène. On trouve dans saint Chrysostome un jugement exquis, des images nobles, une morale sensible et aimable. S. Augustin est tout ensemble sublime et populaire ; il remonte aux plus hauts principes par les tours les plus familiers : il interroge ; il se fait interroger ; il répond [4]. C'est une conversation entre lui et son auditeur ; les comparaisons viennent à propos dissiper tous les doutes ; nous l'avons vu précédemment descendre jusqu'aux dernières grossièretés de la populace pour la redresser. S. Bernard a été un prodige dans un siècle barbare [5]. On trouve en lui de la délicatesse, de l'élévation, du tour, de la tendresse et de la véhémence.

1. Voici un relevé des dates relatives à tous ces illustres maîtres de la sagesse et de l'éloquence chrétienne : Tertullien, né à Carthage, au second siècle ; — Saint Cyprien, mort en 258 ; — Saint Ambroise, archevêque de Milan sous Valentinien II, mort en 397 ; — Pierre Chrysologue, au langage d'or (épithète analogue à celle qui fut donnée à Jean Chrysostome, bouche d'or), mourut vers 450 ; — Saint Basile, évêque de Césarée, mort en 379 ; — Saint Grégoire de Nazianze, évêque de Constantinople, mort en 389 ; — Saint Chrysostome, évêque aussi lui de Constantinople, mort en exil en 406. — On voit que le grand siècle de l'éloquence chrétienne, tant grecque que latine, se passa du quatrième au cinquième, et que le fracas des armes et de l'ancien monde qui s'écroulait, ne fut pas capable de détourner ces grands hommes du but qu'ils se proposaient par leur éloquence admirable, celui d'élever sur ces ruines l'étendard de la croix et les nouvelles destinées du monde devenu chrétien.

2. Fénelon revient assez souvent sur ce rapprochement des habits et du style, comparaison qui n'est ni très-heureuse ni très-concluante.

3. « Magnanimité. » Ce terme, qui exprime une vertu morale, la grandeur d'âme, est bon dans son application au génie oratoire, et vrai lorsqu'il s'agit de l'éloquence chrétienne.

4. C'est bien là la forme vive, souple et en quelque sorte multiple de saint Augustin.

5. Saint Bernard est parfaitement caractérisé par les cinq qualités qui lui sont ici attribuées. — Ce saint, dont l'éloquence entraîna les peuples à la deuxième croisade, mourut en 1133 ; il fut la gloire de son siècle, qu'il gouverna, on peut le dire, par son génie, par sa puissance morale et sa vertu. — Voir son éloge en traits sublimes dans Bossuet, sermon sur l'Unité de l'Église. L'évêque de Meaux, et Fénelon lui-même, ont écrit des panégyriques de ce grand saint.

On est étonné de tout ce qu'il y a de beau et de grand dans les Pères, quand on connaît les siècles où ils ont écrit. On pardonne à Montaigne des expressions gasconnes, et à Marot un vieux langage ; pourquoi ne veut-on point passer aux Pères l'enflure de leur temps, avec laquelle on trouverait des vérités précieuses, et exprimées par les traits les plus forts ?

Mais il ne m'appartient pas de faire ici l'ouvrage qui est réservé à quelque savante main ; il me suffit de proposer en gros ce qu'on peut attendre de l'auteur d'une excellente Rhétorique. Il peut embellir son ouvrage en imitant Cicéron par le mélange des exemples avec les préceptes. *Les hommes qui ont un génie pénétrant et rapide*, dit S. Augustin, *profitent plus facilement dans l'éloquence en lisant les discours des hommes éloquents, qu'en étudiant les préceptes mêmes de l'art*. On pourrait faire une agréable peinture des divers caractères des orateurs, de leurs mœurs, de leurs goûts, et de leurs maximes. Il faudrait même les comparer ensemble, pour donner au lecteur de quoi juger du degré d'excellence de chacun d'entre eux [1].

V. — PROJET DE POÉTIQUE.

Une Poétique ne me paraîtrait pas moins à désirer qu'une Rhétorique. La Poésie est plus sérieuse et plus utile que le vulgaire ne le croit. La Religion a consacré la Poésie à son usage dès l'origine du genre humain [2]. Avant que les hommes

---

1. Fénelon arrête ici ce qu'il avait à dire sur la rhétorique. Comme il écrit pour proposer des projets de travaux à l'Académie, il se contente d'avoir tracé en traits rapides le détail de ce que serait « une excellente rhétorique. » Avec saint Augustin (*De doct., christ.*, l. IV, c. 5, n° 8), il recommande « le mélange des exemples avec les préceptes. » Quoiqu'il n'ait donné qu'une simple esquisse, ses rapides aperçus ont beaucoup de largeur ; ils ouvrent de grandes perspectives littéraires. On ne voit pas qu'une rhétorique comme il en donne l'idée, qui serait un traité critique et historique de l'éloquence, ait été exécutée jusqu'ici. Rollin, au deuxième volume du *Traité des Etudes*, a suivi en quelque sorte les indications de Fénelon. L'ouvrage du célèbre recteur de l'Université de Paris parut en 1725. — Maintenant, l'auteur passe à la poétique, qu'il va développer plus longuement.

2. On peut même dire que dans l'origine toute religion, comme tout sagesse, a été exprimée par la poésie. Cela est vrai de la véritable religion, puisque les œuvres de Moïse, au point de vue littéraire, sont des épopées ou des cantiques. Il faut le dire aussi des religions fausses ; et pour l'établir il suffit de rappeler les hymnes védiques, les Pouranas, les grands poëmes, le Mahabarata et le Ramayana, ces sources si vénérées de la

eussent un texte d'écriture divine, les sacrés Cantiques, qu'ils savaient par cœur, conservaient la mémoire de l'origine du monde, et la tradition des merveilles de Dieu. Rien n'égale la magnificence et le transport des Cantiques de Moïse [1]. Le Livre de Job est un poëme plein de figures les plus hardies et les plus majestueuses. Le Cantique des Cantiques exprime avec grâce et tendresse l'union mystérieuse de Dieu époux avec l'âme de l'homme, qui devient son épouse. Les Psaumes seront l'admiration et la consolation de tous les siècles et de tous les peuples, où le vrai Dieu sera connu et senti [2]. Toute l'Écriture est pleine de poésie dans les endroits même où l'on ne trouve aucune trace de versification.

D'ailleurs, la Poésie a donné au monde les premières lois. C'est elle qui a adouci les hommes farouches et sauvages, qui les a rassemblés des forêts où ils étaient épars et errants, qui les a policés, qui a réglé les mœurs, qui a formé les familles et les nations, qui a fait sentir les douceurs de la société, qui a rappelé l'usage de la raison, cultivé la vertu, et inventé les beaux-arts. C'est elle qui a élevé les courages [3] pour la guerre, et qui les a modérés pour la paix.

religion de l'Inde. La vieille religion grecque n'est point chez les mythologues ; elle est dans Homère, dans Hésiode et dans ce que la tradition rapporte de l'antique Orphée. Au siècle de Thalès, la philosophie se sécularise et écrit en prose ; auparavant elle se bornait à des axiomes en vers. C'est aussi en vers que les Eléates, Xénophane et Parménide, ont exposé leur obscure et subtile philosophie de l'unité.

1. « Transport. » Expression que l'on trouverait rarement employée comme elle l'est ici ; on sent dans la poésie hébraïque, et en particulier dans les cantiques, que l'âme inspirée du poëte est transportée, emportée hors d'elle-même dans un monde invisible, où elle reçoit directement de Dieu, et par l'entremise d'un saint enthousiasme, la communication de la vérité.

2. « Admiration et consolation, » sont en juste rapport avec ces deux mots : « connu et senti. « C'est le caractère des poëtes inspirés qu'ils remplissent à la fois l'intelligence et le cœur.

Le vrai poëte a reçu une mission céleste, car non-seulement on l'admire, mais encore « il console ; » là se trouve sa principale vertu. Or, c'est là surtout le caractère des psaumes, divins cantiques « que le vrai amour a composés dans le cœur du Psalmiste, » comme le dit ailleurs le même Fénelon. Le chant des psaumes console l'Eglise ici-bas ; « elle soulage son cœur en chantant les cantiques de Sion dans la terre étrangère. »

3. « Les courages. » Ce pluriel s'emploierait peu ; Bossuet l'emploie d'une manière magnifique en parlant de Condé après la bataille : « Il calma les courages émus. » — « Modérez ces courages pour la paix, » est également la plus heureuse expression. Le mot courage est ici pris dans le sens de cœur, sens qu'il avait anciennement. La Fontaine l'emploie aussi dans ce sens (fable des *Deux Pigeons*) : Que les travaux et les dangers « changent un peu votre courage. » Le poëte voulait dire : « changent votre cœur. »

Silvestres homines sacer interpresque Deorum
Cædibus et victu fœdo deterruit Orpheus;
Dictus ob hoc lenire tigres rabidosque leones;
Dictus et Amphion, Thebanæ conditor arcis,
Saxa movere sono testudinis et prece blanda
Ducere quo vellet. Fuit hæc sapientia quondam, etc.

. . . .

Sic honor et nomen divinis vatibus atque
Carminibus venit. Post hos insignis Homerus
Tyrtæusque mares animos in Martia bella
Versibus exacuit[1].

La parole animée par les vives images, par les grandes figures, par le transport des passions, et par le charme de l'harmonie, fut nommée le langage des Dieux. Les peuples les plus barbares mêmes n'y ont pas été insensibles. Autant qu'on doit mépriser les mauvais poëtes, autant doit-on admirer et chérir un grand poëte[2], qui ne fait point de la poésie un jeu d'esprit, pour s'attirer une vaine gloire, mais qui l'emploie à transporter les hommes en faveur de la sagesse, de la vertu et de la Religion.

Me sera-t-il permis de représenter ici ma peine sur ce que la perfection de la versification française me paraît presque impossible ? Ce qui me confirme dans cette pensée, est de voir que nos plus grands poëtes ont fait beaucoup de vers faibles. Personne n'en a fait de plus beaux que Malherbe : combien en a-t-il fait qui ne sont guère dignes de lui ! Ceux mêmes d'entre nos poëtes les plus estimables qui ont eu le moins d'inégalité, en ont fait assez souvent de raboteux, d'obscurs et de languissants[3]. Ils ont voulu donner

---

1. HOR., *Ars poet.*, v. 391. — Horace établit, d'abord sur les fabuleuses traditions, que la poésie a policé les hommes ; puis il cite les vrais modèles, et les plus connus, Homère et Tyrtée, pour montrer les prodiges que la poésie a produits effectivement. Du reste, si on lit en entier toute cette doctrine d'Horace, on la trouvera fort imparfaite ; elle reproduit les principes matérialistes de Lucrèce sur les origines de la société.

2. « Admirer et chérir. » Fénelon n'admet guère que l'on puisse ne pas aimer ce que l'on admire. Et en effet, la lumière de l'intelligence est sans portée si elle n'échauffe pas le cœur. Notre auteur aime les poëtes, « il les chérit. » Quels meilleurs amis, après tout, que ces hommes qui vous donnent leur substance et prêtent à votre pensée les formules admirables trouvées par leur génie !

3. Il est certain qu'aucun poëte n'est plus inégal que Malherbe ; il est généralement ou sublime ou détestable. L'assertion de Fénelon sur les poëtes français en général est trop vraie. Voy. par exemple Corneille, Rousseau, et bien d'autres parmi les plus grands.

à leur pensée un tour délicat, et il la faut chercher[1]. Ils sont pleins d'épithètes forcées, pour attraper la rime[2]. En retranchant certains vers, on ne retrancherait aucune beauté. C'est ce qu'on remarquerait sans peine, si on examinait chacun de leurs vers en toute rigueur.

Notre versification perd plus, si je ne me trompe, qu'elle ne gagne par les rimes. Elle perd beaucoup de variété, de facilité et d'harmonie. Souvent la rime qu'un poëte va chercher bien loin, le réduit à allonger et à faire languir son discours : il lui faut deux ou trois vers postiches, pour en amener un dont il a besoin. On est scrupuleux pour n'employer que des rimes riches, et on ne l'est ni sur le fond des pensées et des sentiments, ni sur la clarté des termes, ni sur les tours naturels, ni sur la noblesse des expressions. La rime ne nous donne que l'uniformité des finales, qui est ennuyeuse, et qu'on évite dans la prose, tant elle est loin de flatter l'oreille. Cette répétition de syllabes finales lasse même dans les grands vers héroïques, où deux masculins sont toujours suivis de deux féminins[3].

Il est vrai qu'on trouve plus d'harmonie dans les Odes et dans les Stances, où les rimes entrelacées ont plus de cadence et de variété. Mais les vers héroïques, qui demanderaient le son le plus doux, le plus varié et le plus majestueux, sont souvent ceux qui ont le moins cette perfection[4].

Les vers irréguliers ont le même entrelacement de rimes que les Odes. De plus leur inégalité sans règle uniforme donne la liberté de varier leur mesure et leur cadence, sui-

[1]. C'est le vers de Molière :
On cherche ce qu'il dit après qu'il a [parlé.

[2]. « Attraper la rime. » Heureuse expression. « La rime est une esclave, » dit Boileau, et une esclave souvent fugitive ; le poëte court après elle. Le même Boileau :
Je trouve au coin d'un bois le mot qui [m'avait fui.

[3]. Il est certain qu'il n'y a rien que d'assez arbitraire dans les lois de la versification ; elles changent suivant les littératures. La rime a ses inconvénients ; qui en doute ? Mais si on la supprime, par quoi la remplacer ? Sera-ce par le vers blanc ? On a essayé. Assurément l'hexamètre antique, sans rimes, est plus beau ; mais notre langue non rhythmée, non accentuée, a-t-elle jamais pu se discipliner sous ce beau et grand mètre des anciens?

[4]. Fénelon, si poëte en prose, mais qui a échoué dans l'emploi du vers, en avait-il conçu un certain ressentiment (comme on le rapporte de J.-J. Rousseau et de Buffon) contre le vers, cet admirable instrument de la pensée figurée cherchant à se produire sous la forme poétique?

vant qu'on veut s'élever ou se rabaisser [1]. M. de La Fontaine en a fait un très-bon usage.

Je n'ai garde néanmoins de vouloir abolir les rimes. Sans elles notre versification tomberait. Nous n'avons point dans notre langue cette diversité de brèves et de longues, qui faisait dans le grec et dans le latin la règle des pieds, et la mesure des vers. Mais je croirais qu'il serait à propos de mettre nos poëtes un peu plus au large sur les rimes, pour leur donner le moyen d'être plus exacts sur le sens et sur l'harmonie. En relâchant un peu sur la rime, on rendrait la raison plus parfaite; on viserait avec plus de facilité au beau, au grand, au simple, au facile; on épargnerait aux plus grands poëtes des tours forcés, des épithètes cousues, des pensées qui ne se présentent pas d'abord assez clairement à l'esprit [2].

L'exemple des Grecs et des Latins peut nous engager à prendre cette liberté. Leur versification est sans comparaison moins gênante que la nôtre. La rime est plus difficile elle seule que toutes leurs règles ensemble. Les Grecs avaient néanmoins recours aux divers dialectes. De plus les uns et les autres avaient des syllabes superflues qu'ils ajoutaient librement, pour remplir leurs vers. Horace se donne de grandes commodités pour la versification dans ses Satires, dans ses Épîtres, et même en quelques Odes. Pourquoi ne chercherions-nous pas de semblables soulagements, nous dont la versification est si gênante, et si capable d'amortir le feu d'un bon poëte [3] ?

1. Les vers irréguliers sont, dans notre poésie, un genre peu satisfaisant, qui lasse le lecteur et ne convient guère qu'à des pièces courtes et généralement familières. La Fontaine seul peut-être en a fait un usage, non pas seulement « très-bon, » mais hors de comparaison avec tous ceux qui ont pu se servir de cette forme de rhythme.

2. Malgré ce qu'il a dit plus haut, Fénelon, esprit un peu novateur en tout, ne veut pas qu'on abolisse la rime. « Sans elle, notre versification tomberait, » dit-il plus loin. Mais s'il faut, comme cela est très-réel, conserver la rime, il lui faut laisser toute son importance. La réforme romantique, malgré ses erreurs, l'avait compris; elle s'attacha toujours avec un grand zèle aux rimes riches. L'entrave de la rime est pour le poëte un moyen de ressort, et le vers, comme une branche comprimée, jaillit souvent avec plus de beauté, sous l'obstacle qu'il rencontre et qu'il lui est commandé de vaincre, sous peine de ne trouver ni la versification, ni la poésie. — Il y a, du reste, dans ce paragraphe des conseils excellents, comme celui d'éviter les tours forcés, les épithètes oiseuses et parasites, surtout quand elles sont amenées par la rime. C'est par le bon choix du mot qui sert à rimer que la versification est solide et sans chevilles.

3. Il est vrai que la versification, dans Horace, est parfois négligée. Mais

La sévérité de notre langue contre presque toutes les inversions de phrases augmente encore infiniment la difficulté de faire des vers français. On s'est mis à pure perte dans une espèce de torture pour faire un ouvrage. Nous serions tentés de croire qu'on a cherché le difficile, plutôt que le beau. Chez nous un poëte a autant besoin de penser à l'arrangement d'une syllabe qu'aux plus grands sentiments, qu'aux plus vives peintures, qu'aux traits les plus hardis. Au contraire, les anciens facilitaient par des inversions fréquentes les belles cadences, la variété et les expressions passionnées. Les inversions se tournaient en grande figure, et tenaient l'esprit suspendu dans l'attente du merveilleux [1]. C'est ce qu'on voit dans ce commencement d'Églogue :

> Pastorum musam Damonis et Alphesibœi,
> Immemor herbarum quos est mirata juvenca
> Certantes, quorum stupefactæ carmine lynces,
> Et mutata suos requierunt flumina cursus :
> Damonis musam dicemus et Alphesibœi [2].

le style familier, qui est le sien, se rapprochant du langage ordinaire et de la prose, autorise ces facilités que se permet le poëte. De plus, le mécanisme du vers latin étant plus compliqué que celui du français, le vers se retrouve toujours ; il n'en serait pas de même du vers français si, sous prétexte de ne pas « amortir le feu d'un poëte, » on permettait de briser les lois assez rigoureuses de notre vers, de le mettre en pièces, de lui ôter toute entrave. Il est remarquable que Fénelon semble devancer ici la réforme introduite de nos jours dans le vers français, du moins en ce qui regarde le drame ; car on n'a pas osé toucher à la rigueur du vers lyrique. — Sur les difficultés de la rime et sur sa nécessité, voir Boileau, *Ep.* 2 et *Art poétique*, 1er chant.

1. Puis Fénelon se plaint du caractère inflexible de notre langue, rebelle surtout aux inversions. Assurément on est bien forcé de reconnaître l'avantage des langues anciennes sur la nôtre à cet égard, puisqu'elles ont la facilité vraiment admirable de placer presque à volonté les mots, non dans l'ordre insignifiant de la grammaire, mais dans celui selon lequel se développe la pensée. Fénelon exprime très-bien les

ressources que la faculté des inversions donnait aux œuvres antiques. « Les inversions se tournaient en grande figure. » Cela est vrai ; mais on ne voit pas trop comment l'art de trouver « des expressions passionnées » est un résultat de l'art des inversions. D'un autre côté, ce n'est pas à « l'attente du merveilleux » que l'esprit est suspendu, mais à quelque chose de plus simple, savoir : à l'effet que peuvent produire les mots selon la place que le goût d'un auteur leur a assignée. Fénelon, si pénétré de l'antiquité, qu'il la demande partout et à tout prix, ne voit pas que le génie des langues modernes, dépourvues de flexions, leur permet peu l'usage des inversions, usage qui est le propre des langues anciennes. C'est une perte, sans doute, mais elles y gagnent en clarté, pour la prose du moins ; car notre poésie ne se fait pas prier pour prendre les tours variés, les vives inversions qui s'assortissent si bien aux mouvements de l'âme et qui sont si favorables à l'expression de l'image ou à celle de la passion.

2. VIRG., *Églog.* VIII. — Cette inversion prolongée donne peut-être une tournure un peu embarrassée à ce début de l'églogue de Virgile.

Otez cette inversion, et mettez ces paroles dans un arrangement de grammairien qui suit la construction de la
phrase, vous leur ôterez leur mouvement, leur majesté,
leur grâce et leur harmonie. C'est cette suspension qui
saisit le lecteur. Combien notre langue est-elle timide et
scrupuleuse en comparaison ! Oserions-nous imiter ce vers,
où tous les mots sont dérangés ?

> Aret ager, vitio moriens sitit aeris herba[1].

Quand Horace veut préparer son lecteur à quelque grand
objet, il le mène sans lui montrer où il va, et sans le laisser
respirer :

> Qualem ministrum fulminis alitem[2].

J'avoue qu'il ne faut point introduire tout à coup dans
notre langue un grand nombre de ces inversions. On n'y
est point accoutumé ; elles paraîtraient trop dures et pleines
d'obscurité. L'Ode pindarique de M. Despréaux n'est pas
exempte, ce me semble, de cette imperfection. Je le remarque avec d'autant plus de liberté, que j'admire d'ailleurs
les ouvrages de ce grand poëte[3]. Il faudrait choisir de proche
en proche les inversions les plus douces et les plus voisines
de celles que notre langue permet déjà. Par exemple, toute
notre nation a approuvé celle-ci :

> Là se perdent ces noms de maîtres de la terre,
> . . . .
> Et tombent avec eux d'une chute commune
> Tous ceux que leur fortune
> Faisait leurs serviteurs[4].

1. Virg., *Egl.* vii, v. 57. — Il est sûr qu'il y a ici, dans la séparation de *vitio* et de *aeris*, quelques abus de l'inversion.

2. L. iv, *Od.* 5. — Le début de cette ode est magnifique ; mais l'inversion ne laisse pas que de tourmenter l'esprit qui cherche jusqu'à la fin de cette longue période le fil à dévider.

3. L'ode sur le siége de Namur. Fénelon est trop bon gentilhomme pour dire franchement son avis sur l'ode de M. Despréaux, qu'il trouve probable-ment, comme elle l'était, d'une assez pauvre valeur. Boileau avait composé cette pièce en 1693, avec la prétention de justifier, contre Perrault, la manière du poëte de Thèbes, en mettant au jour cette ode, qu'il appelle pindarique. Le poëte y substitue l'effort à l'inspiration, et il échoue ; il forçait son talent, si réel et si vivant, mais peu fait pour l'enthousiasme.

4. Ce trait lyrique de Malherbe est admirable ; il n'y a rien dans J.-B. Rousseau qui ait une pareille tournure ;

Ronsard [1] avait trop entrepris tout à coup. Il avait forcé notre langue par des inversions trop hardies et obscures; c'était un langage cru [2] et uniforme. Il y ajoutait trop de mots composés, qui n'étaient point encore introduits dans le commerce de la nation. Il parlait français en grec [3], malgré les Français mêmes. Il n'avait pas tort, ce me semble, de tenter quelque nouvelle route, pour enrichir notre langue, pour enhardir notre poésie, et pour dénouer notre versification naissante [4]. Mais, en fait de langue, on ne vient à bout de rien sans l'aveu des hommes pour lesquels on parle. On ne doit jamais faire deux pas à la fois, et il faut s'arrêter, dès qu'on ne se voit pas suivi de la multitude [5]. La singularité est dangereuse en tout : elle ne peut être excusée dans les choses qui ne dépendent que de l'usage.

L'excès choquant de Ronsard nous a un peu jetés dans l'extrémité opposée [6]. On a appauvri, desséché et gêné notre langue. Elle n'ose jamais procéder que suivant la méthode la plus scrupuleuse et la plus uniforme de la

l'inversion aussi est superbe; le mouvement est fier et sublime. C'est dans cette même pièce que se trouvent ces vers incomparables :

Et dans ces grands tombeaux où leurs [âmes hautaines,
Font encore les vaines,
Ils sont mangés des vers.

Paraphrase du psaume 145.

1. Ronsard, mort en 1585, appelé le prince des poëtes de son temps. Ce roi de la renaissance en France échoua par l'excès même de ses témérités classiques. En Italie, la renaissance était plus heureuse : elle avait le Tasse.

2. « Cru, » *crudus*, âpre, d'une énergie comme sauvage. Dans Virg. En. l. VI : *cruda deo viridisque senectus.*

3. Ou mieux, comme disait Boileau : « grec en français. »

4. « Enrichir, enhardir, » deux mots français d'origine germanique : *reich*, puissant; et *hard*, difficile, audacieux. — « Dénouer notre versification naissante. » Très-heureuse expression; ôter les langes, laisser la liberté des mouvements.

5. Axiome qui peut servir de très-

bonne règle de conduite en matière d'innovation; pourtant un homme de génie, qui sent qu'il porte la vérité, ne doit pas s'arrêter malgré les obstacles. La multitude n'a pas suivi Salomon de Caus découvrant l'application de la vapeur comme force motrice; elle n'a pas suivi non plus Christophe Colomb sollicitant un navire pour découvrir un monde.

6. On a dit : L'esprit humain ressemble à un homme ivre à cheval : quand on le relève d'un côté, il tombe de l'autre. Selon Fénelon, il y eut excès dans les libertés de Ronsard, et il y en eut aussi dans les réformes de Malherbe. Il regrette avec raison que la langue ait perdu une grande partie de sa souplesse première, de sa facilité d'inversion, et peut-être ne rend-il pas assez justice à tout ce que les génies austères qui ont illustré le XVIIe siècle ont dû à cette discipline du langage à laquelle les avait accoutumés la réforme de Malherbe. — Il y a, du reste, dans les poëtes et même dans les orateurs, dans Bossuet et Fléchier, de beaux exemples d'inversion que les rhétoriques ont coutume de citer.

grammaire. On voit toujours venir d'abord un nominatif substantif, qui mène son adjectif comme par la main ; son verbe ne manque pas de marcher derrière, suivi d'un adverbe qui ne souffre rien entre deux, et le régime appelle aussitôt un accusatif, qui ne peut jamais se déplacer. C'est ce qui exclut toute suspension de l'esprit, toute attention, toute surprise, toute variété et souvent toute magnifique cadence.

Je conviens d'un autre côté qu'on ne doit jamais hasarder aucune locution ambiguë. J'irais même d'ordinaire, avec Quintillien, jusqu'à éviter toute phrase que le lecteur entend, mais qu'il pourrait ne pas entendre s'il ne suppléait pas ce qui y manque[1]. Il faut une diction simple, précise et dégagée, où tout se développe de soi-même, et aille au-devant du lecteur[2]. Quand un auteur parle au public, il n'y a aucune peine qu'il ne doive prendre, pour en épargner à son lecteur. Il faut que tout le travail soit pour lui seul, et tout le plaisir avec tout le fruit, pour celui dont il veut être lu. Un auteur ne doit laisser rien à chercher dans sa pensée. Il n'y a que les faiseurs d'énigmes qui soient en droit de présenter un sens enveloppé[3]. Auguste voulait qu'on usât de répétitions fréquentes, plutôt que de laisser quelque péril d'obscurité dans le discours[4]. En effet le premier de tous les devoirs d'un homme qui n'écrit que pour être entendu, est de soulager son lecteur, en se faisant d'abord entendre.

J'avoue que nos plus grands poëtes français, gênés par les lois rigoureuses de notre versification, manquent en quelques endroits de ce degré de clarté parfaite. Un homme

1. Quint., *Inst. orat.*, l. viii, c. 2 : *Ego otiosum sermonem dixerim, quem auditor suo ingenio intelligit.*
2. « Aille au-devant du lecteur. » Précepte littéraire exprimé de la plus heureuse façon. On dit dans le même sens, d'un peintre de paysage, qu'il a pour devoir de faire entrer le lecteur dans sa toile.
3. Il y a dans le style, comme dans la peinture, des demi-jours, des fuites qui ne se voient pas et se laissent sentir ; il faut que le lecteur entende ce qui est contenu dans l'expression, et sente un peu au delà. En disant ceci, nous ne parlons pas du genre didactique, qui se propose purement et simplement d'enseigner, et qui doit autant que possible se servir d'expressions adéquates au détail qu'il veut rendre
4. Suét., *Vie d'Auguste*, c. 86. — Pascal est tout à fait de l'avis de l'empereur Auguste ; il a, dans les *Pensées*, un mot fort décisif sur les répétitions : « Quand dans un discours on trouve des mots répétés, et qu'essayant de les corriger, on les trouve si propres qu'on gâterait le discours en les ôtant, il faut les laisser. »

qui pense beaucoup veut beaucoup dire; il ne peut se résoudre à rien perdre; il sent le prix de tout ce qu'il a trouvé,
il fait de grands efforts pour renfermer tout dans les bornes
étroites d'un vers. On veut même trop de délicatesse : elle
dégénère en subtilité. On veut trop éblouir et surprendre,
on veut avoir plus d'esprit que son lecteur, et le lui faire
sentir, pour lui enlever son admiration; au lieu qu'il faudrait n'en avoir jamais plus que lui, et lui en donner même,
sans paraître en avoir [1]. On ne se contente pas de la simple
raison, des grâces naïves, du sentiment le plus vif, qui font
la perfection réelle [2]. On va un peu au delà du but par
amour-propre. On ne sait pas être sobre dans la recherche
du beau, on ignore l'art de s'arrêter tout court en deçà des
ornements ambitieux. Le mieux auquel on aspire fait qu'on
gâte le bien, dit un proverbe italien [3]. On tombe dans le
défaut de répandre un peu trop de sel, et de vouloir donner
un goût trop relevé à ce qu'on assaisonne. On fait comme
ceux qui chargent une étoffe de trop de broderie. Le goût
exquis craint le trop en tout, sans en excepter l'esprit même.
L'esprit lasse beaucoup, dès qu'on l'affecte et le prodigue [4]. C'est en avoir de reste que d'en savoir retrancher,
pour s'accommoder à celui de la multitude et pour lui
aplanir le chemin. Les poëtes qui ont le plus d'essor de
génie, d'étendue de pensées, et de fécondité, sont ceux qui
doivent le plus craindre cet écueil de l'excès d'esprit [5].
C'est, dira-on, un beau défaut; c'est un défaut rare;

1. Tout cela est très-fin, très-ingé-
nieux. Un des buts du poëte n'est pas
« d'avoir plus d'esprit que son lecteur,
mais de lui en donner sans paraître en
avoir. » Les bons et les beaux vers sont
ceux qui fournissent au lecteur une expression de sa propre pensée, si vive et
en même temps si naturelle, qu'il lui
semble qu'ayant la pensée, il n'aurait
pu manquer de trouver lui-même la
juste expression. C'est l'art de Virgile,
celui de Racine et des autres poëtes qui,
plus que d'autres, ont interprété les
sentiments ordinaires de l'humanité.

2. « La raison, la grâce, le sentiment.»
Que l'on considère ces trois qualités,
on verra qu'elles renferment tout l'ef-
fectif de la poésie, à part des qualités
qui tiennent au sublime.

3. Le mieux est l'ennemi du bien.
— « Ne pas savoir s'arrêter. » C'est le
malheur de la plupart des écrivains,
des poëtes de génie, mais de seconde
classe et de siècles moins purs. Ainsi
Lucain, Juvénal; et de nos jours, les
plus grands.

4. « Dès qu'on l'affecte et qu'on le
prodigue. » Double manière de faire
mal à propos l'usage de l'esprit.

5. Au siècle de Louis XIV, si grand
dans ses beaux génies, l'abus, la recherche de l'esprit était pourtant un
défaut très-ordinaire; témoin tous les
combats livrés par Boileau et par Molière à l'affectation; témoin l'hôtel de
Rambouillet, et ceux-là même qui étaient
alors regardés comme classiques : Saint-
Evremont et Voiture.

c'est un défaut merveilleux. J'en conviens ; mais c'est un vrai défaut, et l'un des plus difficiles à corrriger. Horace veut qu'un auteur s'exécute sans indulgence sur l'esprit même :

> Vir bonus et prudens versus reprehendet inertes,
> Culpabit duros, incomptis allinet atrum
> Transverso calamo signum, ambitiosa recidet
> Ornamenta, parum claris lucem dare coget[1].

On gagne beaucoup en perdant tous les ornements superflus, pour se borner aux beautés simples, faciles, claires, et négligées en apparence[2]. Pour la Poésie, comme pour l'Architecture, il faut que tous les morceaux nécessaires se tournent en ornements naturels. Mais tout ornement, qui n'est qu'ornement, est de trop ; retranchez-le, il ne manque rien ; il n'y a que la vanité qui en souffre. Un auteur qui a trop d'esprit, et qui en veut toujours avoir, lasse et épuise le mien. Je n'en veux point avoir tant ; s'il en montrait moins, il me laisserait respirer, et me ferait plus de plaisir. Il me tient trop tendu ; la lecture de ses vers me devient une étude. Tant d'éclairs m'éblouissent : je cherche une lumière douce, qui soulage mes faibles yeux. Je demande un poëte aimable, proportionné au commun des hommes, qui fasse tout pour eux et rien pour lui. Je veux un sublime si familier, si doux et si simple, que chacun soit d'abord tenté de croire qu'il l'aurait trouvé sans peine, quoique peu d'hommes soient capables de le trouver. Je préfère l'aimable au surprenant et au merveilleux. Je veux un homme qui me fasse oublier qu'il est auteur, et qui se mette comme de plein-pied en conversation avec moi[3]. Je veux qu'il me mette devant les yeux un labou-

1. Hor., *Ars poet.*, v. 445.
2. « Négligées en apparence. » Heureuse alliance de mots. Fénelon, sans trop s'en rendre compte, se loue ici lui-même ; du moins retrace-t-il avec exactitude les grâces de son style.
3. Tout ce détail est charmant ; il y règne une légère ironie, toute socratique. — « Tant d'esprit épuise le mien. » Comment pouvait-on mieux exprimer cette fatigue causée sur le lecteur par un auteur qui ne lui laisse pas de repos ? « Tant d'esprit, dit le lecteur, lasse et épuise le mien. » Le style du critique devient riche dans ce trait : « Tant d'éclairs m'éblouissent. » — Toutefois il est des sujets et des genres où il faut bien consentir à cette fatigue ; « une lumière douce qui soulage mes faibles yeux ne suffit pas. » Avec

reur qui craint pour ses moissons, un berger qui ne connaît que son village et son troupeau, une nourrice attendrie par son petit enfant. Je veux qu'il me fasse penser, non à lui et à son bel esprit, mais aux bergers qu'il fait parler.

> Despectus tibi sum, nec qui sim quæris, Alexi,
> Quam dives pecoris, nivei quam lactis abundans.
> Mille meæ Siculis errant in montibus agnæ.
> Lac mihi non æstate novum, non frigore defit.
> Canto quæ solitus, si quando armenta vocabat,
> Amphion Dircæus in Actæo Aracyntho.
> Nec sum adeo informis : nuper me in littore vidi,
> Quum placidum ventis staret mare [1]...

Combien cette naïveté champêtre a-t-elle plus de grâce qu'un trait subtil et raffiné d'un bel esprit [2] !

> Ex noto fictum carmen sequar, ut sibi quivis
> Speret idem, sedet multum frustraque laboret
> Ausus idem : tantum series juncturaque pollet,
> Tantum de medio sumptis accedit honoris [3].

Oh! qu'il y a de grandeur à se rabaisser ainsi, pour se proportionner à tout ce qu'on peint, et pour atteindre à tous les divers caractères ! Combien un homme est-il au-dessus de ce qu'on nomme esprit, quand il ne craint point

---

Bossuet, par exemple, il faut accoutumer ses yeux aux éclairs. — Ce que Fénelon appelle le sublime, « familier, doux et simple, » c'est plutôt le langage pathétique, passionné et naïf, que le véritable sublime d'image et de pensée. Ainsi, quand Andromaque, parlant de son fils, dit :
Je ne l'ai point encore embrassé d'au-
[jourd'hui,
cela est familier, doux et simple ; toute mère l'aurait trouvé sans peine, quoique peu d'auteurs eussent été capables de rencontrer ce vers ; cela est admirable, mais ce n'est pas le sublime. Pour bien distinguer les genres, il faut être prudent sur l'emploi des dénominations.
1. VIRG., *Égl.* II, v. 19. — Les sujets descriptifs qu'indique Fénelon, et les beaux vers de Virgile qu'il cite, ne sont point du ressort du sublime, mais du style tempéré, gracieux, fleuri, et qui confine au genre simple.—Remarquons par occasion la beauté d'harmonie qui termine : *staret mare.*

2. On a pensé avec assez de raison que Fénelon, dans ces traits contre l'affectation dans la description de la nature, faisait allusion aux églogues de Fontenelle, ouvrage, en effet, « d'un bel esprit subtil et raffiné, » et qui ignora complètement « la naïveté champêtre et la grâce. »

3. HOR., *Ars poet.*, v. 240.—Horace met ici en axiome ce que Fénelon vient de développer, que les choses les plus simples, les plus ordinaires, sont pleines de charmes quand l'art s'y trouve, et que, pour les rencontrer, celui-là ferait de vains efforts qui n'a pas reçu le souffle du génie.

d'en cacher une partie! Afin qu'un ouvrage soit véritablement beau, il faut que l'auteur s'y oublie, et me permette de l'oublier. Il faut qu'il me laisse seul en pleine liberté. Par exemple, il faut que Virgile disparaisse, et que je m'imagine voir ce beau lieu :

Muscosi fontes, et somno mollior herba, etc[1].

Il faut que je désire d'être transporté dans cet autre endroit :

O mihi tum quam molliter ossa quiescant,
Vestra meos olim si fistula dicat amores!
Atque utinam ex vobis unus, vestrique fuissem
Aut custos gregis, aut maturæ vinitor uvæ[2]!

Il faut que j'envie le bonheur de ceux qui sont dans cet autre lieu dépeint par Horace :

Qua pinus ingens albaque populus
Umbram hospitalem consociare amant
Ramis, et obliquo laborat
Lympha fugax trepidare rivo[3].

J'aime bien mieux être occupé de cet ombrage et de ce ruisseau, que d'un bel esprit importun qui ne me laisse point respirer[4]. Voilà les espèces d'ouvrages dont le charme ne s'use jamais. Loin de perdre à être relus, ils se font toujours redemander. Leur lecture n'est point une étude; on s'y repose, on s'y délasse[5]. Les ouvrages bril-

---

1. VIRG., *Egl.* VII, v. 35. — Fénelon cite ce vers de Virgile avec un aimable enthousiasme. Les plus beaux vers sont ceux qui se recueillent dans l'âme, quand l'auteur « se laisse oublier et que le poëte disparaît. »

2. *Egl.* X, v. 33. — On a souvent remarqué le charme mélancolique du premier de ces vers. On sent, en lisant de tels vers, je ne sais quel doux appétit, comme disait Montaigne, de mourir et de reposer mollement sous de verts ombrages; mais ce n'est là qu'un sentiment païen. A l'âme raisonnable et chrétienne, l'idée de la mort doit inspirer un autre sentiment.

3. HOR., l. II, *Od.* 3. — Jamais la fraîcheur bocagère, et la vie qui semble exister dans la nature, n'a été représentée par un poëte comme elle l'est dans ces traits si rapides et si simples du lyrique romain.

4. Molière, dans les *Femmes savantes*, après le sonnet :
... Laissez-moi, de grâce, respirer.

5. Il y a dans tous ces développements une critique si aimable, qu'on peut dire ce que l'auteur dit des poëtes antiques : « On s'y repose, on s'y délasse. » On trouve dans Fénelon ce qu'il cherche dans les anciens : « le beau simple, aimable et commode. »

lants et façonnés imposent et éblouissent ; mais ils ont une
pointe fine qui s'émousse bientôt. Ce n'est ni le difficile, ni
le rare, ni le merveilleux que je cherche, c'est le beau
simple, aimable, et commode que je goûte. Si les fleurs
qu'on foule aux pieds dans une prairie sont aussi belles
que celles des plus somptueux jardins, je les en aime
mieux. Je n'envie rien à personne. Le beau ne perdrait
rien de son prix, quand il serait commun à tout le genre
humain ; il en serait plus estimable. La rareté est un défaut et une pauvreté de la nature [1]. Les rayons du soleil
n'en sont pas moins un grand trésor, quoiqu'ils éclairent
tout l'univers. Je veux un beau si naturel, qu'il n'ait aucun besoin de me surprendre par sa nouveauté. Je veux
que ses grâces ne vieillissent jamais, et que je ne puisse
presque me passer de lui ;

Decies repetita placebit [2].

La Poésie est sans doute une imitation et une peinture [3].
Représentons-nous donc Raphaël qui fait un tableau. Il se
garde bien de faire des figures bizarres, à moins qu'il ne
travaille dans le grotesque [4]. Il ne cherche point un coloris
éblouissant. Loin de vouloir que l'art saute aux yeux, il ne
songe qu'à le cacher. Il voudrait pouvoir tromper le spectateur et lui faire prendre son tableau pour Jésus-Christ
même transfiguré sur le Thabor. Sa peinture n'est bonne
qu'autant qu'on y trouve de vérité. L'art est défectueux dès
qu'il est outré ; il doit viser à la ressemblance. Puisqu'on
prend tant de plaisir à voir dans un paysage du Titien des

---

1. Axiome excellent et exprimé de la
manière la plus heureuse. Fénelon voudrait qu'on pût respirer la beauté dans
toute la nature aussi aisément que la
lumière du jour, et qu'il fût également
impossible de s'en passer.

2. Hor., *Ars poet.*, v. 365.

3. Fénelon aurait pu se contenter de
dire simplement : La poésie est une peinture, comme Horace : *Ut pictura poesis :*
elle est une imitation par là même qu'elle
est une peinture. Mais il y a autre
chose que la peinture, ou, comme il le
dit plus bas, « la ressemblance ; » il y a

l'idéal. Fénelon, si platonicien, ne l'i-
gnorait pas ; il n'insiste pas assez sur
ce point élevé.

4. Je me demande comment Raphaël
a « travaillé dans le grotesque. » — Du
reste, Fénelon caractérise parfaitement
Raphaël, plus dessinateur et plus pen-
seur qu'il n'est coloriste, cherchant à
cacher son art au lieu de le faire reten-
tir en éblouissant comme les Vénitiens.
Il s'agit de la dernière et de la plus ca-
pitale des œuvres du divin Sanzio : la
Transfiguration.

chèvres qui grimpent sur une colline pendante en préci-
pice, ou dans un tableau de Téniers des festins de village
et des danses rustiques, faut-il s'étonner qu'on aime à voir
dans l'Odyssée des peintures si naïves du détail de la vie
humaine? On croit être dans les lieux qu'Homère dépeint,
y voir et y entendre les hommes. Cette simplicité de mœurs
semble ramener l'âge d'or. Le bonhomme Eumée me touche
bien plus qu'un héros de *Clélie* ou de *Cléopâtre*[1]. Les vains
préjugés de notre temps avilissent de telles beautés[2]. Mais
nos défauts ne diminuent point le vrai prix d'une vie si
raisonnable et si naturelle. Malheur à ceux qui ne sentent
point le charme de ces vers[3] :

> Fortunate senex, hic inter flumina nota
> Et fontes sacros frigus captabis opacum[4].

Rien n'est au-dessus de cette peinture de la vie champêtre :

> O fortunatos nimium, sua si bona norint, etc.[5]

Tout m'y plaît, et même cet endroit si éloigné des idées
romanesques[6] :

1. Titien a d'autres qualités plus éminentes que celle d'avoir su montrer les chèvres grimpant sur une colline. — Fénelon goûte Téniers ; il ne dit pas comme Louis XIV : « Otez-moi ces magots. » — L'auteur du *Télémaque* aimait la peinture, il était lié avec Mignard ; il faut voir comme il s'exprime sur cet art, dans un de ses *Dialogues des Morts*, entre le Poussin et Léonard de Vinci. Nul au XVIIe siècle ne fut plus artiste que Fénelon par son génie et par son style ; il rappelle le talent de Poussin, ou plutôt celui de le Sueur, dans les *Muses*. — Du reste, ce que dit notre auteur sur la peinture n'est qu'en passant, et pour rentrer dans son sujet, qui est ici l'étude des anciens, surtout pour glorifier hautement Homère, alors l'objet de tant d'absurdes critiques. Il ne dit qu'un mot assez timide sur l'*Odyssée ;* il préfère les tableaux champêtres, les scènes qui se passent chez Eumée, le vieux porcher d'Ulysse, aux romans de Mlle de Scudéri et de la Calprenède. Fénelon n'avait pas besoin de dire sa façon de penser à cet égard.

2. Les préjugés « n'avilissent » pas ce qui est beau ; seulement ils tendent à l'avilir. Il s'agit de la grande querelle d'alors entre les anciens et les modernes.

3. L'enthousiasme classique de Fénelon s'emporte vivement ; il veut qu'on aime les beaux vers. « Malheur, dit-il, à ceux qui n'en sentent pas le charme. » On voit par ce langage la grande différence entre ce tendre et poétique génie et son grand rival, Bossuet. Dans une lettre au poëte Santeuil (1690), Bossuet se montre fort peu partisan de la poésie, et dit avoir quitté depuis longtemps la lecture de Virgile et d'Horace. Il faut tenir compte de la diversité des génies. L'aigle de Meaux est un poëte biblique ; il a le style des prophètes ; il s'est élevé si haut dans cette sphère, que les charmes de la poésie classique sauraient à peine monter jusqu'à lui. Ce n'est pas à des génies de cette trempe que s'adresse la parole de Fénelon : « Malheur, etc. »

4. Virg., *Egl.* I, v. 52. Quelle fraîcheur on respire dans ces vers ! *Opacum*. Comme on se sent clos sous l'épaisseur du bocage !

5. *Georg.*, l. II, v. 458. Le célèbre épisode du bonheur dont jouit l'homme des champs.

6. Maintenant que le roman a prévalu sur la littérature, et que ce genre

At frigida Tempe,
Mugitusque boum, mollesque sub arbore somni [1].

Je suis attendri tout de même pour la solitude d'Horace :

O rus, quando ergo te adspiciam? quandoque licebit
Nunc veterum libris, nunc somno et inertibus horis
Ducere sollicitæ jucunda oblivia vitæ [2] ?

Les anciens ne se sont pas contentés de peindre simplement d'après nature : ils ont joint la passion à la vérité [3].

Homère ne peint point un jeune homme qui va périr dans les combats, sans lui donner des grâces touchantes. Il le représente plein de courage et de vertu ; il vous intéresse pour lui ; il vous le fait aimer ; il vous engage à craindre pour sa vie ; il vous montre son père accablé de vieillesse, et alarmé des périls de ce cher enfant ; il vous fait voir la nouvelle épouse de ce jeune homme, qui tremble pour lui : vous tremblez avec elle. C'est une espèce de trahison. Le poëte ne vous attendrit avec tant de grâce et de douceur, que pour vous mener au moment fatal où vous voyez tout à coup celui que vous aimez, qui nage dans son sang, et dont les yeux sont fermés par l'éternelle nuit [4].

---

est devenu un déluge, il serait bien besoin que le goût des choses plus saines s'établît un peu, et protestât contre le penchant presque universel qui entraîne un si grand nombre de lecteurs « aux idées romanesques. »

1. *Georg.*, l. II, v. 469. Virgile fait un heureux emploi de cette épithète, *molles*, en l'appliquant au sommeil. Plus haut : *Somno mollior herba. Quam molliter ossa quiescant!*

2. L. II, s. 6, v. 60. — Boileau a imité ces beaux vers :

O fortuné séjour, ô champs aimés des cieux,
Que pour jamais, foulant vos prés délicieux,
Ne puis-je ici fixer ma course vagabonde,
Et, connu de vous seuls, oublier tout le
[monde !

Les vers français sont beaux aussi, mais étudiés ; ils n'ont pas la grâce et le sentiment de ceux d'Horace. Là, pas de cheville, pas d'oiseuses épithètes. Le dernier vers de Boileau traduit excellemment un quatrième vers d'Horace, qui n'est pas cité ici :

Oblitus cunctorum, obliviscendus et illis.

Boileau ne parle pas des trois choses si bien marquées dans les vers d'Horace : le *Sommeil*, les *Bons livres* et les *Heures paresseuses*. La Fontaine était plus près d'Horace :

L'une à dormir et l'autre à ne rien faire ;

et mieux encore :

Le repos... le repos, trésor si précieux,
Qu'on en eût fait jadis le partage des dieux.

Du reste, rien n'égale, pour cet ordre de sentiments, l'hémistiche de Virgile : *Flumina amet sylvasque inglorius*, dans ce même épisode du deuxième livre des *Géorgiques*.

3. «Joindre la passion à la vérité. » mettre l'homme dans la nature, et le vivifier ainsi, c'est ce que savaient si bien faire les anciens, et que la description, dans les poëmes du XVIIIe siècle et du commencement de celui-ci, ignorait entièrement. Nos poëtes contemporains, sous ce rapport, y sont revenus.

4. *Il*, l. II, v. 221 et sqq. Allusion à la mort d'Iphidamas sous la masse d'Agamemnon. — « Fermés par une éternelle nuit. » Belle expression, très-an-

Virgile prend pour Pallas, fils d'Évandre, les mêmes soins de nous affliger, qu'Homère avait pris de nous faire pleurer Patrocle. Nous sommes charmés de la douleur que Nisus et Euryale nous coûtent. J'ai vu un jeune prince à huit ans saisi de douleur à la vue du péril du petit Joas. Je l'ai vu impatient sur ce que le grand-prêtre cachait à Joas son nom et sa naissance[1]. Je l'ai vu pleurer amèrement en écoutant ces vers :

> Ah miseram Eurydicen anima fugiente vocabat ;
> Eurydicen toto referebant flumine ripæ [2].

Vit-on jamais rien de mieux amené, ni qui prépare un plus vif sentiment, que ce songe d'Énée ?

> Tempus erat, quo prima quies mortalibus ægris...
> . . . .
> Raptatus bigis ut quondam, aterque cruento
> Pulvere, perque pedes trajectus lora tumentes.
> Hei mihi, qualis erat ! quantum mutatus ab illo
> Hectore, qui redit exuvias indutus Achillis, etc.
> . . . .
> Ille nihil ; nec me quærentem vana moratur, etc.[3]

Le bel esprit pourrait-il toucher ainsi le cœur ? Peut-on lire cet endroit sans être ému ?

> O mihi sola mei super Astyanactis imago !
> Sic oculos, sic ille manus, sic ora ferebat ;
> Et nunc æquali tecum pubesceret ævo [4].

Les traits du bel esprit seraient déplacés et choquants dans

---

tique, et qui rappelle Virgile : *Olli ferreus urget membra sopor.*

1. « Ce jeune prince » était le duc de Bourgogne, mort en 1712. Fénelon, qui avait été son maître et l'avait formé à la vertu et au trône, où il ne devait pas arriver, lui paye ici un souvenir touchant. Le prince avait en effet huit ans quand Racine mit au jour Athalie, et ce poëte, dans sa préface, raconte le fait auquel fait ici allusion l'archevêque de Cambrai.

2. VIRG., *Géorg.* IV, v. 526.

3. *En.*, l. II, v. 268. Le songe d'Enée est une des plus belles choses qui existent dans la poésie. Notre auteur n'en cite pas les plus beaux traits ; il s'attache surtout au détail d'harmonie imitative résultant du contraste entre l'aspect du fantôme et celui du vaillant Hector, meurtrier de Patrocle et rival d'Achille.

4. *En.*, l. III, v. 489. Ce premier vers est ineffable de grâce féminine et de sentiment maternel. Racine seul en a trouvé de pareils.

un discours si passionné, où il ne doit rester de parole qu'à la douleur.

Le poëte ne fait jamais mourir personne, sans peindre vivement quelque circonstance qui intéresse le lecteur[1].

On est affligé pour la vertu, quand on lit cet endroit :

> Cadit et Rhipeus, justissimus unus
> Qui fuit in Teucris et servantissimus æqui :
> Dis aliter visum[2].

On croit être au milieu de Troie saisi d'horreur et de compassion, quand on lit ces vers :

> Tum pavidæ tectis matres ingentibus errant,
> Amplexæque tenent postes, atque oscula figunt.
> . . . .
> Vidi Hecubam, centumque nurus, Priamumque per aras
> Sanguine fœdantem, quos ipse sacraverat, ignes.
> . . . .
> Arma diu senior desueto trementibus ævo
> Circumdat nequidquam humeris, et inutile ferrum
> Cingitur, ac densos fertur moriturus in hostes.
> . . . .
> Sic fatus senior, telumque imbelle sine ictu
> Conjecit.
> . . . .
> Nunc morere. Hoc dicens, altaria ad ipsa trementem
> Traxit et in multo lapsantem sanguine nati,
> Implicuitque comam læva, dextraque coruscum
> Extulit ac lateri capulo tenus abdidit ensem.
> Hæc finis Priami fatorum : hic exitus illum
> Sorte tulit, Trojam incensam et prolapsa videntem
> Pergama, tot quondam populis terrisque superbum
> Regnatorem Asiæ. Jacet ingens littore truncus,
> Avulsumque humeris caput, et sine nomine corpus[3].

---

1. Ici le critique aurait pu citer le merveilleux vers, et si connu : *Et dulces moriens reminiscitur Argos*.

2. *En.*, l. II, v. 426. Le plus juste des Troyens meurt ; les dieux ne crurent pas devoir le sauver, dit Virgile. Il y a là un doute païen de la sagesse divine dans ses jugements sur la destinée de l'homme vertueux. Le malheur de l'homme vertueux est épreuve, et sa mort est délivrance.

3. *En.*, l. II, v. 489 et sqq. — Le ré-cit de la mort de Priam, une des choses les plus pathétiques qui existent en poésie. Tous ces vers sont remplis de beautés. On voit les femmes d'Ilion tenant les portes embrassées, Priam chargeant son bras d'une arme inutile. Les vers peignent singulièrement la lenteur et en même temps l'impuissance des apprêts belliqueux du vieillard ; le peu de vigueur de son bras se montre dans l'élision *sine ictu* et dans le verbe *conjecit*, rejeté à l'autre vers, et au par-

Le poëte ne représente point le malheur d'Eurydice, sans nous la montrer toute prête à revoir la lumière, et replongée tout à coup dans la profonde nuit des enfers :

> Jamque pedem referens casus evaserat omnes,
> Redditaque Eurydice superas veniebat ad auras.
>
> . . . .
>
> Illa : « Quis et me, inquit, miseram, et te perdidit, Orpheu ?
> Quis tantus furor ? En iterum crudelia retro
> Fata vocant, conditque natantia lumina somnus.
> Jamque vale. Feror ingenti circumdata nocte,
> Invalidasque tibi tendens, heu non tua, palmas[1]. »

Les animaux souffrants, que ce poëte met comme devant nos yeux, nous affligent :

> Propter aquæ rivum viridi procumbit in ulva
> Perdita, nec seræ meminit decedere nocti.

La peste des animaux est un tableau qui nous émeut :

> Hinc lætis vituli vulgo moriuntur in herbis,
> Et dulces animas plena ad præsepia reddunt.
>
> . . . .
>
> Labitur infelix studiorum atque immemor herbæ
> Victor equus, fontesque avertitur, et pede terram
> Crebra ferit.
>
> . . . .
>
> Ecce autem duro fumans sub vomere taurus
> Concidit, et mixtum spumis vomit ore cruorem,
> Extremosque ciet gemitus. It tristis arator,
> Mœrentem abjungens fraterna morte juvencum,
> Atque opere in medio defixa relinquit arata.
> Non umbræ altorum nemorum, non mollia possunt
> Prata movere animum, non qui per saxa volutus
> Purior electro campum petit amnis......

fait pour que le rhythme soit lent. Les détails du meurtre sont d'une grandeur épique, et l'âme du poëte est émue ; il jette un regard mélancolique sur la vanité des grandeurs.

1. *Georg.*, l. IV, v. 493. — *Conditque natantia lumina somnus.* Admirable peinture du sommeil de la mort. Racine, dans Phèdre :

Déjà je ne vois plus qu'à travers un nuage,
Et le jour, etc.

On voit la victime devenue une ombre pâle et emportée à travers l'Érèbe ; *circumdata nocte*, image saisissante ; elle tend les mains, hélas ! bien vainement, *invalidas.* Puis, un sentiment, enchâssé comme le diamant dans l'or : *Heu non tua.* — Que de beaux exemples recueillis abondent dans les souvenirs de Fénelon, et comme il se plaît à les répandre ! Si les images le séduisent, les sentiments le charment encore plus et déterminent son choix.

Virgile anime et passionne tout[1]. Dans ses vers tout pense, tout a du sentiment, tout vous en donne[2]. Les arbres mêmes vous touchent :

> Exiit ad cœlum ramis felicibus arbos,
> Miraturque novas frondes et non sua poma[3].

Une fleur attire votre compassion, quand Virgile la peint prête à se flétrir :

> Purpureus veluti quum flos succisus aratro
> Languescit moriens[4].

Vous croyez voir les moindres plantes que le printemps ranime, égaie et embellit :

> Inque novos soles audent se germina tuto
> Credere[5].

Un rossignol est Philomèle, qui vous attendrit sur ses malheurs :

> Qualis populea mœrens Philomela sub umbra, etc.[6]

Horace fait en trois vers un tableau où tout vit, et inspire du sentiment :

> Fugit retro
> Levis juventas et decor, arida
> Pellente lascivos amores
> Canitie facilemque somnum[7].

---

1. VIRG., l. III, v. 494. Les exemples qui, plus que les autres, jaillissent au souvenir de Fénelon, ce sont les traits où Virgile a surtout montré un sentiment triste et une tendresse d'âme telle qu'on ne la trouverait nulle part ailleurs. On sait quelle richesse de poésie est déployée dans la description de l'Epizootie ; mais rien n'est comparable à ces traits : « Moriuntur in herbis ; dulces animas ; » et surtout à ce vers d'une mélancolie si tendre : Labitur infelix, etc. On s'attriste avec le « laboureur qui s'en va séparant le taureau désolé après la mort de son compagnon. On pénètre sous les ombres des grands bois, non umbræ aliorum nemorum. et parmi ces prés, dont l'herbe tendre ne saurait émouvoir le cœur des victimes. » Comme Fénelon a raison de le dire : « Virgile anime et passionne tout ! »

2. « Tout vous en donne. » Trait vif et vrai ; le sentiment est en nous, mais c'est la nature qui l'éveille.

3. Georg., l. III, v. 81. — Non sua poma, des fruits qu'il n'a pas produits.

4. En., l. IX, v. 434 et la suite ; un modèle de grâce, de sentiment, et d'une ravissante harmonie.

5. Georg., l. II, v. 332 ; on voit en effet les germes qui s'agitent et montent à leur soleil en se confiant à ses feux.

6. Georg., l. IV, v. 511. La plus admirable des comparaisons ; jamais poëte n'a mieux exprimé la tristesse et ce que l'on pourrait appeler la mélodie de la douleur.

7. Hor., l. II, od. 2.

Veut-il peindre en deux coups de pinceau deux hommes
que personne ne puisse méconnaître, et qui saisissent le
spectateur? il vous met devant les yeux la folie incorri-
gible de Pâris, et la colère implacable d'Achille.

> Quid Paris? Ut salvus regnet vivatque beatus,
> Cogi posse negat.
> . . . .
> Jura neget sibi nata, nihil non arroget armis [1].

Horace veut-il nous toucher en faveur des lieux où il
souhaiterait de finir sa vie avec son ami? il nous inspire le
désir d'y aller :

> Ille terrarum mihi præter omnes
> Angulus ridet. . . . . . .
> . . . . . . Ibi tu calentem
> Debita sparges lacryma favillam
> Vatis amici [2].

Fait-il un portrait d'Ulysse? il le peint supérieur aux tem-
pêtes de la mer, au naufrage même, et à la plus cruelle
fortune :

> Aspera multa
> Pertulit, adversis rerum immersabilis undis [3].

Peint-il Rome invincible jusque dans ses malheurs? écou-
tez-le :

> Duris ut ilex tonsa bipennibus,...
> Per damna, per cædes, ab ipso
> Ducit opes animumque ferro.
> Non Hydra secto corpore firmior, etc. [4].

Catulle, qu'on ne peut nommer sans avoir horreur de
ses obcénités, est au comble de la perfection pour une
simplicité passionnée :

---

1. Hor., l. i, ep. i, v. 16. — Ars poet.,
v. 122.
2. Hor., l. ii, od. 6. — Que de grâce
et d'individualité ! Angulus ridet ; il
n'y a rien, il y a tout. L'imagination
est éveillée, elle crée le paysage. — Ca-
lentem favillam sparges lacryma ; il
y a dans ces vers une image d'une tris-

tesse douce et pénétrante. — Favilla est
proprement la cendre rouge. Dans une
prose chrétienne, le Dies iræ, œuvre
d'une étonnante poésie, ce mot est employé d'une manière qui saisit : Solvet
seclum in favilla.
3. Hor., l. i, ep. ii, v. 21.
4. Hor., l. iv, od. 4.

Odi et amo. Quare id faciam fortasse requiris.
Nescio, sed fieri sentio et excrucior[1].

Combien Ovide et Martial, avec leurs traits ingénieux et façonnés, sont-ils au-dessous de ces paroles négligées, où le cœur saisi parle seul dans une espèce de désespoir !

Que peut-on voir de plus simple et de plus touchant dans un poëme, que le roi Priam réduit dans sa vieillesse à baiser les mains meurtrières d'Achille, qui ont arraché la vie à ses enfants? Il lui demande pour unique adoucissement de ses maux, le corps du grand Hector ; il aurait gâté tout, s'il eût donné le moindre ornement à ses paroles. Aussi n'expriment-elles que sa douleur. Il le conjure par son père accablé de vieillesse d'avoir pitié du plus infortuné de tous les pères [2].

Le bel esprit a le malheur d'affaiblir les grandes passions qu'il prétend orner. C'est peu, selon Horace, qu'un poëme soit beau et brillant ; il faut qu'il soit touchant, aimable, et par conséquent simple, naturel et passionné.

Non satis est pulchra esse poemata : dulcia sunto,
Et quocunque volent animum auditoris agunto[3].

Le beau qui n'est que beau, c'est-à-dire brillant, n'est beau qu'à demi ; il faut qu'il exprime les passions pour les inspirer ; il faut qu'il s'empare du cœur, pour le tourner vers le but légitime d'un poëme.

VI. — PROJET D'UN TRAITÉ SUR LA TRAGÉDIE.

Il faut séparer d'abord la Tragédie d'avec la Comédie. L'une représente les grands événements qui excitent les violentes passions; l'autre se borne à représenter les mœurs des hommes dans une condition privée [4].

1. CAT., Carm., 85.
2. Rien dans la poésie épique ne saurait égaler les accents de la douleur paternelle telle qu'elle se montre dans ce roi aux pieds de son ennemi, à qui il rappelle que lui aussi il a un père qui peut-être attend impatiem- ment son retour: μνῆσαι πατρὸς σεῖο (Il., l. xxiv, v. 486), et baisant les mains sanglantes qui lui ont tué tant de ses fils : αἵ οἱ πολίας κτάνον υἷας (v. 478).
3. HOR., Ars poet., v. 99.
4. Les doctrines classiques séparaient entièrement les deux genres ; le drame

Pour la Tragédie, je dois commencer en déclarant que
je ne souhaite point qu'on perfectionne les spectacles, où
l'on ne représente les passions corrompues que pour les
allumer. Nous avons vu que Platon et les sages législateurs
du paganisme rejetaient loin de toute république bien policée les fables et les instruments de musique qui pouvaient
amollir une nation par le goût de la volupté. Quelle devrait
donc être la sévérité des nations chrétiennes contre les
spectacles contagieux ? Loin de vouloir qu'on perfectionne
de tels spectacles, je ressens une véritable joie de ce qu'ils
sont chez nous imparfaits en leur genre. Nos poëtes les
ont rendus languissants, fades et doucereux comme les
romans. On n'y parle que de feux, de chaînes, de tour-
ments. On y veut mourir en se portant bien. Une personne
très-imparfaite est nommée un soleil, ou tout au moins
une aurore; ses yeux sont deux astres. Tous les termes sont
outrés, et rien ne montre une vraie passion. Tant mieux;
la faiblesse du poison diminue le mal [1]. Mais il me semble
qu'on pourrait donner aux tragédies une merveilleuse
force, suivant les idées très-philosophiques de l'antiquité,
sans y mêler cet amour volage et déréglé qui fait tant de
ravages.

Chez les Grecs, la Tragédie était entièrement indépen-
dante de l'amour profane [2]. Par exemple, l'*OEdipe* de Sophocle n'a aucun mélange de cette passion étrangère au
sujet. Les autres tragédies de ce grand poëte sont de même.

romantique les réunit. Tout dépend du point de vue où l'on se place. Shakes-peare regarde que la scène du monde est variée et multiple; que le rire s'y trouve à côté des larmes; que la foule vulgaire se groupe à l'entour des grands; et qu'il ne saurait y avoir une pleine illusion dramatique si la foule ne vient pas donner à la scène son aspect vivant, sa couleur locale et sa vérité. Ce sont deux systèmes.

1. Ce détail rappelle les vers de Boi-leau : Ils ne savent jamais que
Luiprodiguer les noms de soleil ou d'aurore,
Et, toujours bien portant, mourir par méta-
[phore.
Le soleil, l'aurore et les astres dé-frayaient en effet toute la galanterie plus ou moins tragique du théâtre au

xviiᵉ siècle ; Racine ne sut pas toujours s'en défendre, témoin ce vers qu'il met dans la bouche de Pyrrhus :
Brûle de plus de feux que je n'en allumai.
On a remarqué avec raison que dans ce paragraphe, Fénelon qui va parler du théâtre, est un peu gêné ; il fait, comme il le doit, en évêque, ses réserves contre le théâtre, avant de procéder en critique à l'examen des œuvres théâtrales.

2. Cette assertion est exagérée ; il suffit de citer « l'Hippolyte couronné, » d'Euripide, où la passion règne avec une énergie que Racine a reproduite ; mais les anciens croyaient que la passion de l'amour, lorsqu'elle paraissait, devait absorber tout, et ne pouvait jamais en-trer comme accessoire dans un drame dont elle n'était pas le véritable objet.

M. Corneille n'a fait qu'affaiblir l'action, que la rendre
double, et que distraire le spectateur dans son *Œdipe*, par
l'épisode d'un froid amour de Thésée pour Dircé[1]. M. Racine est tombé dans le même inconvénient en composant
sa *Phèdre*. Il a fait un double spectacle, en joignant à
Phèdre furieuse Hippolyte soupirant, contre son vrai caractère. Il fallait laisser Phèdre toute seule dans sa fureur.
L'action aurait été unique, courte, vive et rapide[2]. Mais
nos deux poëtes tragiques, qui méritent d'ailleurs les plus
grands éloges, ont été entraînés par le torrent; ils ont cédé
au goût des pièces romanesques, qui avaient prévalu. La
mode du bel esprit faisait mettre de l'amour partout. On
s'imaginait qu'il était impossible d'éviter l'ennui pendant
deux heures, sans le secours de quelque intrigue galante.
On croyait être obligé à s'impatienter dans le spectacle le
plus grand et le plus passionné, à moins qu'un héros lan-
goureux ne vînt l'interrompre[3]. Encore fallait-il que ses
soupirs fussent ornés de pointes, et que son désespoir fût
exprimé par des espèces d'épigrammes[4]. Voilà ce que le

1. Et Voltaire, par l'amour encore plus froid de Philoctète pour la vénérable Jocaste. Tout le XVIIe siècle, et après lui le XVIIe, a cru que nulle pièce de théâtre ne pouvait se produire sans amour, et trop souvent le langage de l'amour était celui de la galanterie. — Il est vrai de dire que Voltaire, le premier, a risqué des pièces sans amour, et une très-belle : *Mérope*, sans parler des deux pièces sacrées de Racine.

2. L'observation de Fénelon sur le double amour qui remplit la Phèdre de Racine est de la plus parfaite vérité. Rien n'est pâle et insignifiant comme l'amour d'Hippolyte et d'Aricie. Quelle différence d'intérêt dans cet Hippolyte antique, ne connaissant que le culte de Diane et n'aimant que ses javelots! Euripide s'est bien gardé de faire Iphigénie amoureuse, ni Achille, et encore moins de compliquer ces amours de celui d'une Eriphile. Aussi les deux pièces ne sont-elles pas comparables; et l'œuvre antique est-elle, dans l'ordre de l'idéal et de la couleur grecque, bien supérieure à l'œuvre moderne. — Du reste, Fénelon, qui avait peint d'une manière si dramatique l'amour de Télémaque pour Eucharis, ne proscrit pas de la scène toute peinture

de la passion, mais il veut que lorsqu'elle s'y montre elle règne, et ne paraisse jamais avec le langage efféminé des propos galants et des soupirs.

3. Tout cela est d'une critique excellente; nul comme Fénelon n'a possédé le sentiment de la beauté et de la dignité de l'antiquité. Pour retrouver la suite de cette école de bon goût, dont l'archevêque de Cambrai fut le maître au XVIIe siècle, il faut traverser ce siècle lui même, puis le XVIIIe tout entier, et une partie du XIXe, tant que dura l'influence de la Harpe, critique habile, mais qui ignorait l'antiquité, et regardait le théâtre de Voltaire comme le plus haut degré de l'art tragique. Vers 1820, sous les savantes leçons des Villemain, des Saint-Marc-Girardin, des Patin, l'antiquité, de nouveau étudiée, admirée, et comparée avec les autres littératures, est définitivement rentrée dans son triomphe.

4. Ce que dit Boileau au 2e chap. de l'*Art poétique* :

Et sans pointe un amant n'osa plus soupirer.

Témoin ce vers de la *Toison-d'Or* de Corneille, où Hypsipyle, parlant à Médée la magicienne, s'exprime ainsi :

désir de plaire au public arrache aux plus grands auteurs contre les règles. De là vient cette passion si façonnée :

> Impitoyable soif de gloire,
> Dont l'aveugle et noble transport
> Me fait précipiter ma mort
> Pour faire vivre ma mémoire ;
> Arrête pour quelques moments
> Les impétueux sentiments
> De cette inexorable envie,
> Et souffre qu'en ce triste et favorable jour,
> Avant que te donner ma vie,
> Je donne un soupir à l'Amour [1].

On n'osait mourir de douleur sans faire des pointes et des jeux d'esprit en mourant. De là vient ce désespoir si ampoulé et si fleuri :

> Percé jusques au fond du cœur
> D'une atteinte imprévue aussi bien que mortelle,
> Misérable vengeur d'une juste querelle,
> Et malheureux objet d'une injuste rigueur [2].

Jamais douleur sérieuse ne parla un langage si pompeux et si affecté.

Il me semble qu'il faudrait aussi retrancher de la Tragédie une vaine enflure, qui est contre toute vraisemblance. Par exemple, ces vers ont je ne sais quoi d'outré :

> Impatients désirs d'une illustre vengeance,
> A qui la mort d'un père a donné la naissance,
> Enfants impétueux de mon ressentiment,
> Que ma douleur séduite embrasse aveuglément,
> Vous régnez sur mon âme avecque trop d'empire ;
> Durant quelques moments souffrez que je respire,
> Et que je considère, en l'état où je suis,
> Et ce que je hasarde, et ce que je poursuis.

Je n'ai que des attraits, et vous avez des [charmes.

Et ceux-ci, tirés de l'Œdipe du même grand poëte vieilli :

Quelque ravage affreux qu'étale ici la peste,
L'absence, aux vrais amants, est encor [plus funeste.

1. *Œdipe*, act. III, sc. 1re. — Ces vers de Corneille sont d'une physionomie fort singulière ; de telles galanteries cadrent étrangement avec l'objet terrible du drame, et rappellent assez peu la couleur d'Homère et des tragiques. Corneille aime les monologues lyriques ; il y en a dans le *Cid* et dans *Polyeucte*. Fénelon critique assez justement l'affectation qui se trouve dans le premier, mais le second est admirable : « Saintes douceurs du Ciel, etc. »

2. Du reste, ici on pourrait excuser l'auteur du *Cid* ; l'antithèse que l'on blâme dans les vers existe dans la situation des deux amants, obligés sinon de se haïr, au moins d'être ennemis.

M. Despréaux trouvait dans ces paroles une généalogie *des impatients désirs d'une illustre vengeance,* qui étaient les *enfants impétueux* d'un noble *ressentiment,* et qui étaient *embrassés* par une *douleur séduite.* Les personnes considérables qui parlent avec passion dans une tragédie, doivent parler avec noblesse et vivacité. Mais on parle naturellement, et sans ces tours si façonnés, quand la passion parle. Personne ne voudrait être plaint dans son malheur par son ami avec tant d'emphase [1].

M. Racine n'était pas exempt de ce défaut, que la coutume avait rendu comme nécessaire. Rien n'est moins naturel que la narration de la mort d'Hippolyte à la fin de la tragédie de *Phèdre,* qui a d'ailleurs de grandes beautés. Théramène, qui vient pour apprendre à Thésée la mort funeste de son fils, devrait ne dire que ces deux mots, et manquer même de force pour les prononcer distinctement : *Hippolyte est mort. Un monstre envoyé du fond de la mer par la colère des Dieux l'a fait périr. Je l'ai vu.* Un tel homme saisi, éperdu, sans haleine, peut-il s'amuser à faire la description la plus pompeuse et la plus fleurie de la figure du dragon?

> L'œil morne maintenant et la tête baissée,
> Semblaient se conformer à sa triste pensée, etc.
> La terre s'en émeut, l'air en est infecté ;
> Le flot qui l'apporta recule épouvanté [2].

1. La critique de Boileau est fort juste. Corneille rampe trop souvent, *serpit humi,* quand il n'est pas emporté par l'essor de son génie. — L'âpreté franche et sublime reparaît dans le dernier vers cité.

2. On a souvent discuté pour ou contre le récit de Théramène ; beaucoup pensent que Racine ne devait pas s'abstenir d'écrire un morceau qui est assurément le chef-d'œuvre de la poésie, au moins de la versification française. L'argument de Fénelon peut n'être pas accepté. Il voudrait de la tragédie comme Alfiéri l'a exécutée, et il oublie que l'art a des priviléges et ne comporte pas toujours l'exacte et austère précision de la nature. D'ailleurs, quand un malheur est annoncé, ceux qu'il frappe sont avides de détails. De plus, on trouve dans bon nombre de tragédies grecques de longs récits de la catastrophe finale, dans lesquels le messager ne montre ni la splendeur poétique, ni le cœur pénétré que l'on voit dans le récit du gouverneur d'Hippolyte. Au début de l'*Œdipe Roi,* il y a un magnifique tableau de la peste qui désole la ville de Thèbes, tableau que l'on pourrait croire inutile, puisqu'en fait il n'apprend rien. Mais qui voudrait retrancher ce chef-d'œuvre?—Les quatre vers cités par Fénelon sont ceux où la langue de Racine, malgré l'infériorité de ses ressources à cet égard, lutte parfaitement en harmonie imitative avec celle de Virgile. Le dernier vers est traduit du poëte latin : *Refluitque exterritus amnis,* et le surpasse. — D'ailleurs, ces mots que Fénelon voudrait entendre : « Hippolyte est mort, » Théramène débute par là : « *Hippolyte n'est plus.* » — La Harpe, dans son

Sophocle est bien loin de cette élégance si déplacée et si contraire à la vraisemblance. Il ne fait dire à OEdipe que des mots entrecoupés. Tout est douleur. Ἰού, ἰού !... Αἲ αἲ αἲ αἲ ! Φεῦ, φεῦ [1] !... C'est plutôt un gémissement, ou un cri, qu'un discours. « Hélas, hélas ! dit-il, tout est éclairci. O » lumière, je te vois maintenant pour la dernière fois !... » Hélas, hélas ! malheur à moi ! Où suis-je, malheureux ? » Comment est-ce que la voix me manque tout à coup ? O » fortune ! où êtes-vous allée !... Malheureux, malheureux ! » je ressens une cruelle fureur avec le souvenir de mes » maux.... O amis, que me reste-t-il à voir, à aimer, à » entretenir, à entendre avec consolation ? O amis, rejetez » au plus tôt loin de vous un scélérat, un homme exécrable, » objet de l'horreur des Dieux et des hommes... Périsse » celui qui me dégagea de mes liens dans les lieux sau- » vages où j'étais exposé, et qui me sauva la vie ! Quel » cruel secours ! Je serais mort avec moins de douleur » pour moi et pour les miens... Je ne serais ni le meurtrier » de mon père, ni l'époux de ma mère ; maintenant je suis » au comble du malheur. Misérable, j'ai souillé mes pa- » rents, et j'ai eu des enfants de celle qui m'a mis au » monde [2] ! » C'est ainsi que parle la nature, quand elle succombe à la douleur. Jamais rien ne fut plus éloigné des phrases brillantes du bel esprit. Hercule [3] et Philoctète parlent avec la même douleur vive et simple dans Sophocle.

M. Racine, qui avait fort étudié les grands modèles de l'antiquité, avait formé le plan d'une tragédie française d'*OEdipe,* suivant le goût de Sophocle, sans y mêler aucune intrigue postiche d'amour, et suivant la simplicité grecque. Un tel spectacle pourrait être très-curieux, très-vif, très-rapide, très-intéressant. Il ne serait point applaudi ; mais

Commentaire de Racine, dit sur ce passage un mot ingénieux et bien observé : « La douleur, dès qu'elle peut écouter, est avide de savoir ; et, dès qu'elle peut parler, elle est éloquente. »

1. Oui, mais le messager vient raconter fort longuement les détails douloureux de la mort de Jocaste.

2. *OEdipe Roi,* v. 1294-1337. — Ce passage est d'un pathétique admirable, comme celui de *Philoctète,* si bien reproduit par Fénelon dans *Télémaque ;* mais c'est l'expression même soudaine et irrésistible de la douleur, qui naturellement éclate en sanglots plus qu'en discours ; et tous ces passages n'ont point de rapport avec le récit du gouverneur qui vient raconter à un père la mort funeste de son fils.

3. *Les Trachyniennes,* v. 1048 et sqq.

il saisirait, il ferait répandre des larmes ; il ne laisserait
pas respirer ; il inspirerait l'amour des vertus et l'horreur
des crimes ; il entrerait fort utilement dans le dessein des
meilleures lois. La religion même la plus pure n'en serait
point alarmée. On n'en retrancherait que de faux ornements, qui blessent les règles [1].

Notre versification trop gênante engage souvent les
meilleurs poëtes tragiques à faire des vers chargés d'épithètes, pour attraper la rime. Pour faire un bon vers, on
l'accompagne d'un autre vers faible, qui le gâte. Par
exemple, je suis charmé quand je lis ces mots,

> Qu'il mourût.

Mais je ne puis souffrir le vers que la rime amène aussitôt [2],

> Ou qu'un beau désespoir alors le secourût.

Les périphrases outrées de nos vers n'ont rien de naturel : elles ne représentent point des hommes qui parlent en
conversation sérieuse, noble et passionnée. On ôte au spectateur le plus grand plaisir du spectacle, quand on en ôte
cette vraisemblance. J'avoue que les anciens donnaient
quelque hauteur de langage au *cothurne*,

> An tragica desævit et ampullatur in arte [3] ?

Mais il ne faut point que le *cothurne* altère l'imitation de
la vraie nature. Il peut seulement la peindre en beau et en

---

1. En ce moment, un *Œdipe Roi*,
fidèle empreinte de celui de l'antiquité,
sans « intrigue postiche d'amour, et
suivant la simplicité grecque, » réussit
à la Comédie-Française ; c'est quelque
symptôme de bon goût parmi tant de
marques de décadence.

2. C'est une question littéraire assez
délicate que celle de savoir si, après le
mot sublime échappé de l'âme du Romain : « Qu'il mourût, » il n'est pas possible « de souffrir » le vers suivant. La
Harpe fait remarquer, non sans raison,
que si le Romain a parlé dans cette dure
sentence, le père devait avoir son tour,
et qu'il n'y avait aucune contradiction

à ce qu'il conçût la possibilité que le
guerrier eût trouvé dans son désespoir
le moyen de vaincre. » Rome a prononcé le *Qu'il mourût*. La nature, qui
ne renonce jamais à l'espérance, ajoute
tout de suite le vers suivant. » Nous
sommes disposés à partager ce jugement. Le héros de Virgile, lorsqu'il dit :
Una salus victis (l. ii, v. 353), avait dit
auparavant : *Moriamur*. Le vers français est très-beau, meilleur que celui
de Virgile, et ce n'est certainement pas
la rime qui l'a inspiré au plus grand
des poëtes français.

3. Hor., l. i, Ep. 3, v. 14.

grand ; mais tout homme doit toujours parler humaine-
ment [1]. Rien n'est plus ridicule pour un héros dans les
plus grandes actions de sa vie, que de ne joindre pas à la
noblesse et à la force une simplicité qui est très-opposée à
l'enflure :

Projicit ampullas et sesquipedalia verba [2].

Il suffit de faire parler Agamemnon avec hauteur, Achille
avec emportement, Ulysse avec sagesse, Médée avec fureur [3]. Mais le langage fastueux et outré dégrade tout. Plus
on représente de grands caractères et de fortes passions,
plus il faut y mettre une noble et véhémente simplicité.

Il me paraît même qu'on a donné souvent aux Romains
un discours trop fastueux [4]. Ils pensaient hautement ; mais
ils parlaient avec modération. C'était *le peuple roi*, il est
vrai, *populum late regem* [5] ; mais ce peuple était aussi
doux pour les manières de s'exprimer dans la société,
qu'appliqué à vaincre les nations jalouses de sa puissance,

Parcere subjectis, et debellare superbos [6].

Horace a fait le même portrait en d'autres termes :

1. Très-bien. Sans le savoir, Fénelon prépare des arguments au drame ro-mantique, de ce drame dans sa vraie grandeur, non pas tel qu'il a été essayé dans ce siècle, mais comme il s'est dé-veloppé au XVIIIe dans Goethe et Schiller, au XVIe dans Shakspeare.

2. Hor., *Ars poet.*, v. 97. — Racine, dans les *Plaideurs* :
Il me font dire aussi des mots longs d'une [toise.

3. Allusion à divers passages de l'*art poétique* d'Horace : *Sit Medea ferox invictaque*, etc. (v. 123.)

4. Cela est délicatement exprimé ! Corneille n'a pas laissé que de donner prise à cette critique. Toutefois, les grands sentiments romains sont rendus par ce grand poëte d'une manière hé-roïque et vraiment romaine, avec un peu d'exagération, comme le remar-que la Bruyère : «Corneille peint les Romains ; ils sont plus grands et plus Romains dans ses vers que dans leur histoire.» Voir surtout les *Horaces*, en

particulier la scène entre Horace et Curiace, et le magnifique caractère de Sabine, héroïsme tempéré de tendresse, La *Mort de Pompée*, il est vrai, pèche par l'excès des sentiments et par l'em-phase du style ; il en est de même de la 1re scène, aussi bien que par la 1re scène de *Cinna*. Souvent Corneille, cherchant l'éloquence, trouve la déclamation. — Fénelon caractérise par «la douceur des manières» le peuple romain. Soit ; il était parfaitement élégant et civilisé dans son aristocratie, corrigée, adoucie par l'influence grecque, tel qu'on le voit dans les dialogues et les lettres de Ci-céron. Quant au peuple, il devait être fort rude. Shakspeare, dans sa fami-liarité sublime, a représenté plus fidè-lement, d'une manière plus réaliste que Corneille, ce peuple au temps de *Jules César* ; mais pour l'idéal, Corneille le peint, comme Bossuet en fait l'histoire, avec une égale grandeur.

5. Virg., *Æn.*, i, v. 21.

6. *Ibid.*, iv, v. 554.

Imperet bellante prior, jacentem
Lenis in hostem[1].

Il ne paraît point assez de proportion entre l'emphase avec laquelle Auguste parle dans la tragédie de *Cinna*, et la modeste simplicité avec laquelle Suétone nous le dépeint dans tout le détail de ses mœurs[2]. Il laissait encore à Rome une si grande apparence de l'ancienne liberté de la République, qu'il ne voulait point qu'on le nommât SEIGNEUR. *Manu vultuque indecoras adulationes repressit, et insequenti die gravissimo corripuit edicto, dominumque se posthac appellari, ne a liberis quidem aut nepotibus suis, vel serio vel joco, passus est.... In consulatu pedibus fere, extra consulatum sæpe adaperta sella, per publicum incessit. Promiscuis salutationibus admittebat et plebem.... Quoties magistratuum comitiis interesset, tribus cum candidatis suis circumibat, supplicabatque more solemni. Ferebat et ipse suffragium in tribubus, ut unus e populo..... Filiam et neptes ita instituit, ut etiam lanificio assuefaceret..... Habitavit... ædibus modicis Hortensianis, et neque laxitate, neque cultu conspicuis, ut in quibus porticus breves essent..., et sine marmore ullo aut insigni pavimento conclavia. Ac per annos amplius XL eodem cubiculo hieme et æstate mansit..... Instrumenti ejus et supellectilis parcimonia apparet etiam nunc, residuis lectis atque mensis, quorum pleraque vix privatæ elegantiæ sint... Veste non temere alia quam domestica usus est, ab sorore et uxore et filia neptibusque confecta..... Cœnam ternis ferculis, aut, quum abundantissime, senis præbebat, ut non nimio sumtu, ita summa comitate.... Cibi... minimi erat, atque vulgaris fere; etc.*[3].
La pompe et l'enflure conviennent beaucoup moins à ce

1. Hor., *Carm. sec.* v. 51.
2. Je ne comprends guère la critique de Fénelon. Le monologue d'Auguste dans *Cinna* nous semble également admirable par la vérité et le haut pathétique et par la grandeur tragique que le poëte a su y conserver: « Soyons amis, Cinna. » Il n'y a pas là une modeste simplicité ?
3. Il ne faut pas trop prendre à la lettre cet éloge de la simplicité de cet empereur qui commença par verser le meilleur sang de Rome, et, une fois établi, adopta une certaine douceur de mœurs comme le moyen le plus sûr d'affermir sa puissance; rôle si bien adopté, si bien joué jusqu'à la fin, qu'en mourant il voulait qu'on l'applaudit comme un acteur qui a bien rempli le sien.

qu'on appelait la *civilité romaine*, qu'au faste d'un roi de Perse. Malgré la rigueur de Tibère[1] et la servile flatterie où les Romains tombèrent de son temps, et sous ses successeurs, nous apprenons de Pline que Trajan vivait encore en bon et sociable citoyen dans une aimable familiarité. Les réponses de cet empereur sont courtes, simples, précises, éloignées de toute enflure. Les bas-reliefs de sa colonne le représentent toujours dans la plus modeste attitude, lors même qu'il commande aux légions[2]. Tout ce que nous voyons dans Tite Live, dans Plutarque, dans Cicéron, dans Suétone, nous représente les Romains comme des hommes hautains par leurs sentiments, mais simples, naturels et modestes dans leurs paroles[3]. Ils n'ont aucune ressemblance avec les héros bouffis et empesés de nos romans[4]. Un grand homme ne déclame point en comédien : il parle en termes forts et précis dans une conversation. Il ne dit rien de bas : mais il ne dit rien de façonné et de fastueux.

> Ne quicumque deus, quicumque adhibebitur heros,
> Regali conspectus in auro nuper et ostro,
> Migret in obscuras humili sermone tabernas,
> Aut, dum vitat humum, nubes et inania captet[5]...

La noblesse du genre tragique ne doit point empêcher

---

1. La civilité romaine était à son comble au temps des proscriptions de Marius et de Sylla, et de celles des triumvirs ; et après Auguste, sous les règnes odieux qui le suivirent. Il ne faut pas se fier à cette civilité, à cette politesse païenne ; au fond il y eut toujours le lion qui déchire et qui dévore.

2. Colonne monumentale en marbre blanc massif élevée en l'honneur de Trajan, vainqueur des Daces, l'an 112 de J.-C. La colonne Trajane est toute revêtue de beaux bas-reliefs représentant les victoires de Trajan. On monte à son sommet par un escalier intérieur de plus de 200 marches ; là se trouve une statue de saint Pierre érigée par le pape Sixte V à la place de celle de Trajan. La colonne de la place Vendôme à Paris donne assez bien l'idée de celle

de Rome ; mais la moderne est plus héroïque : le marbre y est remplacé par le bronze des canons conquis sur l'ennemi.

3. Trajan et quelques empereurs furent indulgents et bons, cela peut être ; mais que faut-il en conclure en général ? Je me défie de la « modestie dans les paroles » de ces Romains qui étaient « hautains dans leurs sentiments. » Le *Panégyrique de Trajan*, par Pline, est un bel ouvrage de littérature latine du second siècle, un long éloge mérité à divers égards, mais excessif ; et Trajan dut souffrir à l'écouter jusqu'au bout.

4. « Bouffis et empesés, » expressions spirituelles caractérisant fort bien la littérature romanesque, au temps de Fénelon et plus tard, en France.

5. Hor., *Ars poet.*, v. 227. — Très-

que les héros mêmes ne parlent avec simplicité, à proportion de la nature des choses dont ils s'entretiennent :

Et tragicus plerumque dolet sermone pedestri[1].

VII. — PROJET D'UN TRAITÉ SUR LA COMÉDIE.

La Comédie représente les mœurs des hommes dans une
condition privée. Ainsi elle doit prendre un ton moins
haut que la Tragédie. Le *socque* est inférieur au *cothurne*[2];
mais certains hommes, dans les moindres conditions, de
même que dans les plus hautes, ont par leur naturel un
caractère d'arrogance :

Iratusque Chremes tumido delitigat ore[3].

J'avoue que les traits plaisants d'Aristophane me paraissent souvent bas. Ils sentent la farce faite exprès pour
amuser et pour mener le peuple. Qu'y a-t-il de plus ridicule que la peinture d'un roi de Perse, qui marche avec
une armée de quarante mille hommes, pour aller sur une
montagne d'or satisfaire aux infirmités de la nature[4].

Le respect de l'antiquité doit être grand; mais je suis
autorisé par les anciens contre les anciens mêmes. Horace
m'apprend à juger de Plaute :

beaux vers, pleins de sens; le poëte veut dans la tragédie un langage relevé, mais exempt d'emphase.

1. *Ibid.*, v. 95. — Par cette insistance à recommander la simplicité du langage dans la tragédie, Fénelon semble donner des arguments au drame romantique, au langage familier introduit dans le genre tragique. La Motte, ennemi de la poésie antique, aurait pu lui dédier son *Œdipe* en prose. Il y a, nous le croyons, quelque exagération dans ces tendances littéraires. Le langage familier peut trouver place dans la tragédie, mais avec de justes réserves. Le drame de Shakespeare, qui embrasse le monde entier, dans les divers éléments de la société qui le compose, ne saurait se passer de ce langage de tous.

2. Cela est vrai en fait et en figure. Le socque était un brodequin moins haut que le cothurne; une proportion analogue existe aussi entre les deux genres.

3. HOR., *ibid.*, v. 94. — Fénelon va passer rapidement sur les préceptes relatifs à la comédie. D'abord il dit un mot sur le langage élevé qu'elle peut prendre parfois. Mais « l'arrogance » n'est pas le mot qui convient ici, à propos d'un père justement irrité qui gourmande un fils dont les mœurs sont déréglées.

4. Aristophane, poëte comique, fin, spirituel, plein de verve et d'une élégance accomplie, mais chez qui l'obscénité est si fréquente, que l'on ne saurait s'expliquer comment le peuple le plus civilisé de l'antiquité pouvait supporter de pareils spectacles, écouter de pareils dialogues. — Le passage indiqué se trouve dans les *Acharniens*, v. 83.

At vestri proavi Plautinos et numeros et
Laudavere sales : nimium patienter utrumque,
Ne dicam stulte, mirati, si modo ego et vos
Scimus inurbanum lepido seponere dicto[1].

Serait-ce la basse plaisanterie de Plaute que César aurait voulu trouver dans Térence? *vis comica*. Ménandre avait donné à celui-ci un goût pur et exquis. Scipion et Lælius, amis de Térence, distinguaient avec délicatesse en sa faveur ce que Horace nomme *lepidum* d'avec ce qui est *inurbanum*. Ce poëte comique a une naïveté inimitable, qui plaît et qui attendrit par le simple récit d'un fait très-commun :

Sic cogitabam : Hic parvæ consuetudinis
Causa hujus mortem tam fert familiariter :
Quid si ipse amasset? quid mihi hic faciet patri?...
Effertur : imus, etc. [2].

Rien ne joue mieux, sans outrer aucun caractère. La suite est passionnée :

At at hoc illud est:
Hinc illæ lacrymæ, hæc illa est misericordia [3].

Voici un autre récit, où la passion parle toute seule :

Memor essem? o Mysis, Mysis, etiam nunc mihi
Scripta illa dicta sunt in animo Chrysidis
De Glycerio. Jam ferme moriens me vocat:
Accessi; vos semotæ, nos soli; incipit:
Mi Pamphile, hujus formam atque ætatem vides;...
Quod te ego per dextram hanc oro et per genium tuum,

1. Hor., *Ars poet.*, v. 170. — Suétone, dans la *Vie de César*, rapporte des vers fort curieux du dictateur, dans lesquels il regrette que Térence, le Demi-Ménandre, comme il l'appelle, n'ait pas eu, comme Plaute, la force comique. Fénelon, dont le goût achevé est surtout épris des qualités qui tiennent à l'élégance, préfère Térence à Plaute. Mais Térence est loin de posséder la verve de son devancier. Cicéron en juge ainsi (*De Offic.*, l. i, c. 29), Quoi qu'il en soit, l'éloge que Fénelon fait de Térence est juste et d'un excellent goût. Comme les anciens, comme Cicéron, il lui trouve surtout les charmes du langage : *omnia dulcia dicens.*

2. TÉRENCE, *Andr.*, v. 110. *Quid mihi hic faciet patri?* Phrase elliptique et assez obscure: Que ferait-il donc, comment s'affligerait-il, s'il me perdait, moi son père?

3. *Ibid.*, v. 125. « C'est cela même : voilà le sujet de ses larmes, le sujet de sa compassion. » Remarquons en passant le beau mot latin *misericordia*, miséricorde, pitié, compassion; littéralement : cœur qui a pitié. Et qu'est-ce qu'avoir pitié? C'est être malheureux, *miser esse*, du malheur d'autrui.

Per tuam fidem, perque hujus solitudinem
Te obtestor. . . . . .
Te isti virum do, amicum, tutorem, patrem.....
Hanc mihi in manum dat; mors continuo ipsam occupat.
Accepi: acceptam servabo[1].

Tout ce que l'esprit ajouterait à ces simples et touchantes paroles ne ferait que les affaiblir. Mais en voici d'autres qui vont jusqu'à un vrai transport :

Neque virgo est usquam, neque ego, qui illam e conspectu amisi meo.
Ubi quæram ? ubi investigem ? quem perconter ? quam insistam viam ?
Incertus sum. Una hæc spes est, ubi ubi est, diu celari non potest[2].

Cette passion parle encore ici avec la même vivacité :

Egone quid velim?
Cum milite isto præsens, absens ut sies, etc. [3].

Peut-on désirer un dramatique plus vif et plus ingénu [4] ?

Il faut avouer que Molière est un grand poëte comique. Je ne crains pas de dire qu'il a enfoncé plus avant que Térence dans certains caractères. Il a embrassé une plus grande variété de sujets. Il a peint par des traits forts presque tout ce que nous avons de déréglé et de ridicule. Térence se borne à représenter des vieillards avares et ombrageux, de jeunes hommes prodigues et étourdis, des courtisanes avides et impudentes, des parasites bas et flatteurs, des esclaves imposteurs et scélérats. Ces caractères méritaient sans doute d'être traités suivant les mœurs des Grecs et des Romains. De plus, nous n'avons que six pièces de ce grand auteur. Mais enfin Molière a ouvert un chemin tout nouveau. Encore une fois, je le trouve grand [5] :

---

1. *Andr.*, **v**. 282. *Scripta illa...* et elles sont encore écrites dans mon cœur, les paroles que m'adressa Chrysis au sujet de Glycère. — *Per hujus solitudinem* (un trait charmant), par le délaissement où elle va se trouver. — Ce passage est un exemple du ton élevé, pathétique, auquel peut s'élever la comédie. Il y en a bien d'autres exemples, en particulier la scène à laquelle Horace faisait allusion dans l'*Heautontimoroumenos*, act. v, sc. 5, et en beaucoup d'autres endroits.

2. Id., *Eunuch.*, v. 293.
3. *Ibid.*, v. 191.
4. « Ingénu, » simple, naturel, *ingenuus*, l'homme bien né, libre de naissance. Le sens de ce mot s'est amoindri en français ; l'ingénuité est le langage franc et naïf dans lequel l'homme se montre tel qu'il est né, et qui n'est pas altéré par le mensonge.
5. « Je le trouve grand. » Quand l'archevêque de Cambrai s'exprime ainsi sur Molière, il lui est permis de faire des réserves ; car ce grand poëte comique

mais ne puis-je pas parler en toute liberté sur ses défauts?

En pensant bien, il parle souvent mal. Il se sert des phrases les plus forcées et les moins naturelles. Térence dit en quatre mots, avec la plus élégante simplicité, ce que celui-ci ne dit qu'avec une multitude de métaphores, qui approchent du galimatias. J'aime bien mieux sa prose que ses vers. Par exemple, l'*Avare* est moins mal écrit que les pièces qui sont en vers. Il est vrai que la versification française l'a gêné; il est vrai même qu'il a mieux réussi pour les vers dans l'*Amphitryon,* où il a pris la liberté de faire des vers irréguliers. Mais en général il me paraît, jusque dans sa prose, ne parler point assez simplement pour exprimer toutes les passions.

D'ailleurs il a outré souvent les caractères [1]. Il a voulu par cette liberté plaire au parterre, frapper les spectateurs les moins délicats, et rendre le ridicule plus sensible. Mais, quoiqu'on doive marquer chaque passion dans son plus fort degré, et par ses traits les plus vifs, pour en mieux montrer l'excès et la difformité, on n'a pas besoin de forcer la nature et d'abandonner le vraisemblable. Ainsi, malgré l'exemple de Plaute, où nous lisons : *Cedo tertiam* [2], je sou-

---

n'a pas reçu un meilleur éloge que ce mot. Mais, franchement, les critiques qui vont suivre sont assez peu fondées. Est-il vrai que le style de Molière soit aussi défectueux? que celui qui a tant fait la guerre au style affecté, à tout ce qui sort du bon naturel et de la vérité, substitue le galimatias à la simplicité du style et à la franchise du dialogue? Est-il vrai qu'il écrive mal en vers, et au contraire le *Misanthrope,* n'est-il pas un chef-d'œuvre en ce genre? Et *Tartufe?* et les *Femmes savantes?* L'*Amphitryon* n'est rien, comme versification, en comparaison du *Misanthrope.* Malgré ce que dit Fénelon, le vers de Molière s'élève parfois à la haute poésie:
Et que déjà son sort, de splendeur revêtu,
Fait gronder le mérite et rougir la vertu.
1. Molière est un admirable peintre des caractères, et en même temps du cœur humain dans ses faiblesses. Fénelon ne trouve ici qu'à blâmer : il a chargé les couleurs, outré les caractères, mais seulement dans ses pièces inférieures et pour plaire à la foule. —Dans ses grandes œuvres, quelle vérité

toujours contenue par le goût! — La Bruyère (*Réfl. critiques*) dit : « Il n'a manqué à Molière que d'éviter le jargon et d'écrire purement. » — Bossuet parle durement de Molière dans ses *Maximes sur la comédie.*
2. PLAUT., *Aulul.,* act. 1er, sc. 5. — Molière dit : « Montre-moi tes mains. — Les voilà — Les autres. — *Les autres?* — Oui. — Les voilà. » Fénelon a raison de regarder ce trait, dans Molière aussi bien que dans Plaute, comme une charge. A moins d'être fou, quand on a demandé les deux mains, on ne demande ni la troisième, *tertiam,* ni « les autres. » Ce trait aurait été naturel, seulement dans le cas où l'avare, après avoir vu les deux mains, aurait dit au singulier : « L'autre, » oubliant qu'il vient de les voir toutes les deux. — Voici, du reste, ce que dit Marmontel sur ce point: « L'avare de Plaute, examinant la main de son valet, lui dit: Voyons la troisième, ce qui est choquant. Molière a traduit : « l'autre, » ce qui est naturel, attendu que la précipitation de l'avare a pu lui faire oublier qu'il a déjà exa-

tiens contre Molière, qu'un avare, qui n'est point fou, ne va jamais jusqu'à vouloir regarder dans la troisième main de l'homme qu'il soupçonne de l'avoir volé.

Un autre défaut de Molière, que beaucoup de gens d'esprit lui pardonnent, et que je n'ai garde de lui pardonner, est qu'il a donné un tour gracieux au vice, avec une austérité ridicule et odieuse à la vertu. Je comprends que ses défenseurs ne manqueront pas de dire qu'il a traité avec honneur la vraie probité, qu'il n'a attaqué qu'une vertu chagrine, et qu'une hypocrisie détestable. Mais, sans entrer dans cette longue discussion, je soutiens que Platon et les autres législateurs de l'antiquité païenne n'auraient jamais admis dans leurs Républiques un tel jeu sur les mœurs.

Enfin, je ne puis m'empêcher de croire avec M. Despréaux, que Molière, qui peint avec tant de beauté les mœurs de son pays, tombe trop bas quand il imite le badinage de la Comédie italienne :

Dans ce sac ridicule où Scapin s'enveloppe,
Je ne reconnais plus l'auteur du Misanthrope.

VIII — PROJET D'UN TRAITÉ SUR L'HISTOIRE.

Il est, ce me semble, à désirer pour la gloire de l'Académie, qu'elle nous procure un traité sur l'Histoire. Il y a très-peu d'historiens qui soient exempts de grands défauts. L'Histoire est néanmoins très-importante. C'est elle qui nous montre les grands exemples, qui fait servir les vices mêmes des méchants à l'instruction des bons, qui débrouille les origines, et qui explique par quel chemin les peuples ont passé d'une forme de gouvernement à une autre[1].

miné deux mains, et prendre celle-ci pour la seconde. » Malheureusement le critique n'avait pas relu le texte de Molière, ou du moins il le corrige avec goût. Molière paraît avoir écrit : « les autres. » — « L'austérité » d'Alceste, homme plein d'esprit et d'un noble cœur, n'est pas « ridicule et odieuse à la vertu. » On sourit de sa sauvagerie, mais on l'estime, on l'aime, on voudrait le guérir de sa maladie ; enfin on s'honorerait de l'avoir pour ami.

1. On a souvent cité les belles paroles de Cicéron sur l'histoire : *Historia testis temporum, lux veritatis, vita memoriæ, magistra vitæ, nuntia vetustatis* (*De orat.*, II, 9, et le ch. xv). Il y a un traité de Lucien sur

Le bon historien n'est d'aucun temps ni d'aucun pays[1]. Quoiqu'il aime sa patrie, il ne la flatte jamais en rien, L'historien français doit se rendre neutre entre la France et l'Angleterre. Il doit louer aussi volontiers Talbot que Duguesclin. Il rend autant de justice aux talents militaires du prince de Galles qu'à la sagesse de Charles V.

Il évite également les panégyriques et les satires. Il ne mérite d'être cru qu'autant qu'il se borne à dire sans flatterie et sans malignité le bien et le mal. Il n'omet aucun fait qui puisse servir à peindre les hommes principaux et à découvrir les causes des événements; mais il retranche toute dissertation où l'érudition d'un savant veut être étalée. Toute sa critique se borne à donner comme douteux ce qui l'est, et à en laisser la décision au lecteur, après lui avoir donné ce que l'histoire lui fournit. L'homme qui est plus savant qu'il n'est historien, et qui a plus de critique que de vrai génie, n'épargne à son lecteur aucune date, aucune circonstance superflue, aucun fait sec et détaché. Il suit son goût, sans consulter celui du public. Il veut que tout le monde soit aussi curieux que lui des minuties, vers lesquelles il tourne son insatiable curiosité[2]. Au con-

---

la manière d'écrire l'histoire, où l'on trouve la finesse d'aperçu et l'atticisme de l'auteur des Dialogues. On trouvera aussi dans Rollin, *Traité des Etudes*, t. III, un chapitre judicieux et grave sur l'utilité de l'histoire.

1. Comme le dit Lucien, ἄπολις, sans patrie. Ce système est faux, parce qu'il est forcé. L'historien ne saurait se défendre d'une juste passion pour la vérité, et d'une sympathie profonde pour son pays : seulement il doit mettre avant tout la sincérité, ne pas altérer les faits, et savoir, quand il le faut, reconnaître la supériorité de ses ennemis. Tite Live possède au plus haut degré le sentiment romain; mais combien de fois ne fait-il pas ressortir des faits dans lesquels les ennemis se sont montrés supérieurs en dignité aux Romains eux-mêmes! Il suffirait de citer l'admirable récit de la guerre contre les Samnites. Lucien dit qu'il faut arrêter sa pensée sur l'avenir, et composer une histoire pour la postérité; un récit dépourvu d'émotion, auquel le cœur n'a pas de part, ne saurait être un moyen sûr pour l'historien de réussir, même auprès des contemporains. C'est, du reste, la pensée que l'auteur développe, après avoir posé cet axiome qui ne saurait être accepté sans restriction.

2. Toute cette critique de Fénelon porte sur une confusion. Il faut distinguer les divers genres d'histoire; dans notre époque cette distinction a été assez nettement établie; il y a eu l'histoire philosophique (dont on a beaucoup abusé), qui subordonne le détail des faits à des données générales sur la marche des événements et sur l'intervention de Dieu parmi les choses humaines, à travers le choc des libertés; dans ce genre, Fénelon commet un grave oubli, le plus beau livre que le génie de l'histoire ait inspiré: le Discours de Bossuet sur l'histoire universelle. — La seconde manière est l'histoire qui écrit pour raconter, *nuntia vetustatis*, pour transmettre les faits à la mémoire. Celle-là doit procéder selon les lois d'une juste fidélité, mais elle doit plaire par le détail, par le choix et le pittoresque du récit; c'est d'elle que

traire un historien sobre et discret laisse tomber les menus faits qui ne mènent le lecteur à aucun but important. Retranchez ces faits, vous n'ôtez rien à l'histoire. Ils ne font qu'interrompre, qu'allonger, que faire une histoire, pour ainsi dire, hachée en petits morceaux, et sans aucun fil de vive narration. Il faut laisser cette superstitieuse exactitude aux compilateurs. Le grand point est de mettre d'abord le lecteur dans le fond des choses, de lui en découvrir les liaisons, et de se hâter de le faire arriver au dénoûment[1]. L'Histoire doit en ce point ressembler un peu au Poëme épique :

> Semper ad eventum festinat, et in medias res
> Non secus ac notas auditorem rapit, et, quæ
> Desperat tractata nitescere posse, relinquit[2].

Il y a beaucoup de faits vagues, qui ne nous apprennent que des noms et des dates stériles : il ne vaut guère mieux savoir ces noms que les ignorer. Je ne connais point un homme en ne connaissant que son nom. J'aime mieux un historien peu exact et peu judicieux, qui estropie les noms, mais qui peint naïvement tout le détail, comme Froissart[3], que les historiens qui me disent que Charlema-

---

Cicéron disait: *Scribitur non ad probandum, sed ad narrandum historia.* La troisième manière d'écrire l'histoire est celle qui consiste à composer des mémoires sur des points particuliers, comme sont les riches trésors d'érudition conservés dans le recueil de l'Académie des Inscriptions. Fénelon aurait dû établir cette distinction, et dire que si l'histoire peut se dispenser d'entrer dans tant de détails, et de prouver tant de faits particuliers, c'est que ce genre de travail, très-utile et qu'il ne fallait pas déprécier comme l'auteur le fait un peu plus bas, est réservé à l'une de ses dépendances, à l'érudition dans la rédaction des mémoires.

1. Il ne faut pas abuser de ce principe en histoire ; il ne s'agit pas d'aller au plus vite ; il faut peindre les époques, et s'arrêter assez sur les détails pour les faire ressortir. Une histoire de France, par exemple, sera sans charme, et ne saura réussir, si, par une juste et prudente reproduction des chroniques et des mémoires, elle ne fait passer successivement sous les yeux les images vives et réelles des générations qui se sont succédé à travers les siècles de la monarchie. Il faut sans doute qu'un historien « soit sobre et discret, » mais il ne négligera pas les faits accessoires, inutiles en apparence, qui conduisent à un but important, celui de mettre une époque dans sa lumière, de la peindre dans sa vérité. — C'est, du reste, ainsi que l'entend Fénelon ; voir dans sa correspondance une lettre sur la manière dont il avait eu le dessein d'écrire la vie de Charlemagne.

2. HOR., *Ars poet.*, v. 148. — Mais le poëme épique vit de détails, et l'intérieur de la vie y joue un rôle essentiel.

3. FROISSART, né en 1335, mort en 1402, historien des grandes guerres anglo-françaises du XIVᵉ siècle ; il écrit avec une grâce charmante et un vif sentiment de la peinture historique ; mais son impartialité est par trop grande ; on ne sait trop où sont ses sympathies en-

gne tint son parlement à Ingelheim, qu'ensuite il partit, qu'il alla battre les Saxons, et qu'il revint à Aix-la-Chapelle : c'est ne m'apprendre rien d'utile. Sans les circonstances, les faits demeurent comme décharnés : ce n'est que le squelette d'une histoire.

La principale perfection d'une histoire consiste dans l'ordre et dans l'arrangement. Pour parvenir à ce bel ordre, l'historien doit embrasser et posséder toute son histoire. Il doit la voir tout entière, comme d'une seule vue. Il faut qu'il la tourne et qu'il la retourne de tous les côtés, jusqu'à ce qu'il ait trouvé son vrai point de vue. Il faut en montrer l'unité, et tirer, pour ainsi dire, d'une seule source tous les principaux événements qui en dépendent. Par là il instruit utilement son lecteur, il lui donne le plaisir de prévoir, il l'intéresse, il lui met devant les yeux un système des affaires de chaque temps, il lui débrouille ce qui en doit résulter, il le fait raisonner sans lui faire aucun raisonnement, il lui épargne beaucoup de redites, il ne le laisse jamais languir, il lui fait même une narration facile à retenir par la liaison des faits : je répète sur l'Histoire l'endroit d'Horace qui regarde le Poëme épique [1] :

Ordinis hæc virtus erit et venus, aut ego fallor,
Ut jam nunc dicat jam nunc debentia dici,
Pleraque differat et præsens in tempus omittat [2].

Un sec et triste faiseur d'annales ne connaît point d'autre ordre que celui de la chronologie. Il répète un fait toutes les fois qu'il a besoin de raconter ce qui tient à ce fait ; il n'ose ni avancer ni reculer aucune narration. Au contraire l'historien qui a un vrai génie choisit sur vingt endroits celui où un fait sera mieux placé, pour répandre

---

tre Anglais et Français. — Il n'y a pas de bon texte de Froissart ; ceux qui ont été publiés sont du xvie siècle, et corrigés d'après le langage du temps. Un texte pur du xive siècle est à publier.

1. Fénelon, en rapprochant l'histoire du poëme épique, en relève beaucoup l'idéal ; on voit qu'il est préoccupé des grandes œuvres historiques des anciens, surtout de Tite Live et de Tacite. Le tableau qu'il vient de tracer des devoirs de l'historien est beau et juste. La philosophie de l'histoire, contenue dans des justes limites, y tient sa place par la loi d'unité qu'il impose à l'historien, par l'obligation de marquer l'origine et par la dépendance mutuelle des événements.

2. *Ars poet.*, v. 42.

la lumière sur tous les autres. Souvent un fait montré par avance de loin débrouille tout ce qui le prépare. Souvent un autre fait sera mieux dans son jour étant mis en arrière[1]. En se présentant plus tard, il viendra plus à propos pour faire naître d'autres événements. C'est ce que Cicéron compare au soin qu'un homme de bon goût prend pour placer de bons tableaux dans un jour avantageux : *Videtur tanquam tabulas bene pictas collocare in bono lumine*[2].

Ainsi un lecteur habile a le plaisir d'aller sans cesse en avant sans distraction, de voir toujours un événement sortir d'un autre, et de chercher la fin qui lui échappe, pour lui donner plus d'impatience d'y arriver. Dès que sa lecture est finie, il regarde derrière lui, comme un voyageur curieux, qui, étant arrivé sur une montagne, se tourne et prend plaisir à considérer de ce point de vue tout le chemin qu'il a suivi et tous les beaux endroits qu'il a traversés[3].

Une circonstance bien choisie, un mot bien rapporté, un geste qui a rapport au génie ou à l'humeur d'un homme, est un trait original et précieux dans l'histoire. Il vous met devant les yeux cet homme tout entier[4]. C'est ce que Plutarque et Suétone ont fait parfaitement ; c'est ce qu'on trouve avec plaisir dans le cardinal d'Ossat. Vous croyez voir Clément VIII qui lui parle tantôt à cœur ouvert, et tantôt avec réserve[5].

1. Tout cela est un juste commentaire des vers d'Horace cités plus haut. Il faut envisager les événements, d'un coup d'œil élevé, en montrer le cours comme celui d'un fleuve : ne pas briser un beau récit pour suivre le synchronisme année par année ; mais il faut aussi beaucoup de prudence dans l'emploi de ces libertés.

2. BRUT. c. 75, *In bono lumine*. C'était alors, comme aujourd'hui, l'expression technique en peinture, une lumière, un jour favorable.

3. Cette comparaison est fort juste ; c'est en effet l'impression que fait ressentir toute conquête obtenue par le travail, par l'étude dans le champ de la science ; on jouit, on est heureux de l'espace parcouru, des beaux récits qui se déroulent dans la mémoire, comme les sites aux yeux de celui qui se retourne après avoir gravi une montagne, et ne sent plus sa fatigue.

4. Très-juste expression. Il ne faut souvent qu'un trait individuel de physionomie pour peindre un personnage historique, mieux qu'on ne le fait par le récit de ses plus grandes actions. Par là on connaît « son génie, » c'est-à-dire ici son caractère ; « son humeur, » c'est-à-dire les accidents et les nuances mobiles de son esprit.

5. Le cardinal d'Ossat, mort à Rome en 1604, était un célèbre diplomate sous Henri IV ; ce fut lui qui ménagea pour le roi l'absolution du pape, après l'adjuration à Saint-Denis. — Les lettres diplomatiques du cardinal d'Ossat sont un recueil précieux pour l'histoire politique et pour celle de la langue française vers la fin du xvie siècle.

Un historien doit retrancher beaucoup d'épithètes superflues et d'autres ornements du discours. Par ce retranche-
ment il rendra son histoire plus courte, plus simple, plus
gracieuse. Il doit inspirer par une pure narration la plus
solide morale, sans moraliser[1]. Il doit éviter les senten-
ces, comme de vrais écueils. Son histoire sera assez ornée,
pourvu qu'il y mette avec le véritable ordre une diction
claire, pure, courte et noble. *Nihil in historia*, dit Cicéron, *pura et illustri brevitate dulcius?* L'Histoire perd
beaucoup à être parée. Rien n'est plus digne de Cicéron
que cette remarque sur les Commentaires de César : *Com-
mentarios quosdam scripsit rerum suarum, valde quidem
probandos.* Nudi *enim sunt, recti et venusti, omni ornatu
orationis tanquam veste detracto. Sed dum voluit alios
habere parata, unde sumerent, qui vellent scribere histo-
riam,* ineptis *gratum fortasse fecit, qui volent illa cala-
mistris inurere : sanos quidem homines a scribendo deterruit.* Un bel esprit méprise une histoire *nue.* Il veut l'ha-
biller, l'orner de broderie, et la *friser.* C'est une erreur,
ineptis. L'homme judicieux et d'un goût exquis désespère
d'ajouter rien de beau à cette nudité si noble et si majes-
tueuse[2].

Le point le plus nécessaire et le plus rare pour un historien, est qu'il sache exactement la forme du gouvernement et le détail des mœurs de la nation dont il écrit l'histoire, pour chaque siècle. Un peintre qui ignore ce qu'on
nomme *il costume*, ne peint rien avec vérité. Les peintres de l'école lombarde, qui ont d'ailleurs si naïvement
représenté la nature, ont manqué de science en ce point.
Ils ont peint le grand prêtre des Juifs comme un pape,
et les Grecs de l'antiquité comme les hommes qu'ils

1. « Inspirer la morale sans moraliser. » Précepte important et expression
fine.

2. Assurément les Commentaires de
César sont un modèle du genre comme
mémoires militaires ; mais ce n'est pas
une œuvre historique dans la haute
signification de ce mot. L'éloge qu'en
fait Cicéron est très-beau, très-juste ;
mais s'il lui eût été permis de connaître
l'œuvre de Tite Live, il aurait moins
apprécié cette histoire nue, qui raconte
des faits de guerre et s'inquiète peu de
transmettre à la postérité la peinture
des hommes, celle des lieux et l'état de
la civilisation. Les œuvres des historiens, qui sont vraiment peintres, ne
donnent pas sans doute à leurs personnages «de vaines frisures; » mais ils les
font vivre, mouvoir et palpiter, non pas
seulement comme des guerriers, mais
comme des hommes. (Brutus, c. 75.)

voyaient en Lombardie [1]. Il n'y aurait néanmoins rien de
plus faux et de plus choquant que de peindre les Français
du temps de Henri II avec des perruques et des cravates,
ou de peindre des Français de notre temps avec des barbes
et des fraises. Chaque nation a ses mœurs très-différentes
de celles des peuples voisins. Chaque peuple change souvent pour ses propres mœurs. Les Perses, pendant l'enfance de Cyrus, étaient aussi simples que les Mèdes leurs
voisins étaient mous et fastueux [2]. Les Perses prirent dans
la suite cette mollesse et cette vanité. Un historien mon-
trerait une ignorance grossière, s'il représentait les repas
de Curius ou de Fabricius comme ceux de Lucullus ou d'A-
picius. On rirait d'un historien qui parlerait de la magnificence de la cour des rois de Lacédémone ou de celle de
Numa. Il faut peindre la puissante et heureuse pauvreté des
anciens Romains :

> Parvoque potentem [3], etc.

Il ne faut pas oublier combien les Grecs étaient encore
simples et sans faste du temps d'Alexandre, en comparaison des Asiatiques. Le discours de Charidème à Darius
le fait assez voir [4]. Il n'est point permis de représenter la
maison très-simple où Auguste vécut quarante ans, avec
la maison d'or que Néron fit faire bientôt après.

> Roma domus fiet : Veios migrate, Quirites ;
> Si non et Veios occupet ista domus [5].

Notre nation ne doit point être peinte d'une façon uniforme. Elle a eu des changements continuels. Un historien

---

1. L'auteur aborde un ordre de re-
commandations très-juste et fort relevé,
en histoire comme en peinture, la question de la couleur locale. Ces peintres
de l'école lombarde ou de Bologne n'é-
taient pourtant pas indifférents à ce
que les Italiens appellent *il costume*, la
manière de vivre, l'extérieur d'un indi-
vidu ou d'un peuple. Les Carrache, et
surtout Dominiquin et Guide, sont assez
fidèles au costume, à la couleur biblique ; ils ne ressemblent pas, sous ce
rapport, à leurs devanciers, les Vénitiens. Poussin lui-même, dans les sujets
religieux, ne connaît guère le costume,
et pas du tout le paysage de l'Orient ;
mais il sait les Grecs antiques. Les Italiens, depuis le XVIᵉ siècle, ne s'y étaient
guère trompés ; témoin la beauté et la
vérité du costume et de l'architecture
dans l'Ecole d'Athènes, un des chefs-
d'œuvre du Sanzio.
2. XÉNOPHON, *Cyropédie*, l. I, c. 2
et sqq.
3. VIRG., *Æn.*, l. VI, v. 844.
4. QUINTE-CURCE, l. III, c. 11.
5. Voir sur ce distique d'auteur in-
connu, Suétone, *Vie de Néron*, ch. 59.

qui représenta Clovis environné d'une cour polie, galante et magnifique, aura beau être vrai dans les faits particuliers, il sera faux pour le fait principal des mœurs de la nation. Les Francs n'étaient alors qu'une troupe errante et farouche, presque sans lois et sans police, qui ne faisait que des ravages et des invasions. Il ne faut pas confondre les Gaulois polis par les Romains avec ces Francs si barbares[1]. Il faut laisser voir un rayon de politesse naissante sous l'empire de Charlemagne ; mais elle doit s'évanouir d'abord. La prompte chute de sa maison replongea l'Europe dans une affreuse barbarie. Saint Louis fut un prodige de raison et de vertu dans un siècle de fer. A peine sortons-nous de cette longue nuit. La résurrection des lettres et des arts a commencé en Italie, et a passé en France fort tard. La mauvaise subtilité du bel esprit en a retardé le progrès.

Les changements dans la forme du gouvernement d'un peuple doivent être observés de près. Par exemple, il y avait d'abord chez nous des terres *saliques* distinguées des autres terres, et destinées aux militaires de la nation[2]. Il ne faut jamais confondre les comtés *bénéficiaires* du temps de Charlemagne, qui n'étaient que des emplois personnels, avec les comtés *héréditaires*, qui devinrent sous ses successeurs des établissements de famille[3]. Il faut dis-

1. Tout cela est très-bien : c'est un ordre d'idées qu'Augustin Thierry a développé de nos jours avec supériorité, en montrant, dans ses *Lettres sur l'histoire de France*, avec quelle absence totale de goût et de juste couleur des historiens, comme Mezerai et Vely, ont confondu toutes les époques, et donné, par exemple, aux rois francs les mêmes habitudes monarchiques qu'à ceux des races plus avancées. Fénelon veut que chaque siècle ait, chez son historien, la physionomie qui est la sienne : que les temps barbares, le moyen âge et les temps modernes aient chacun leur caractère, et qu'il ne soit pas possible de les confondre. Pour cela, le procédé est bien simple : suivre de près les chroniques et les mémoires de chaque temps. L'historien français cité plus haut a montré, dans ses *Récits mérovingiens*, comment on devait se représenter, autrement que chez Vely, et plus tard chez Anquetil, les premiers temps et les premiers hommes de notre monarchie.

2. Il faut lire dans Montesquieu, *Esprit des lois*, l. XVIII, c. 22, la détermination précise de ce qu'on doit entendre par les terres saliques, terres des Francs Saliens, obtenues à la suite de la conquête, et héréditaires de mâle en mâle. Voir aussi M. Guizot, *Essais sur l'hist. de Fr.*, ch. 1, § 1.

3. Sous Charlemagne, les comtes, *comites*, compagnons du prince, étaient des fonctionnaires de l'Etat, révocables et recevant, à titre de bénéfices, un salaire en domaines ; plus tard ces dignités, avec les terres qui y étaient attachées, devinrent héréditaires ; ce fut le système féodal. Le droit de succession se trouve établi par l'édit de Charles le Chauve, donné à Querzy en 877.

tinguer les Parlements de la seconde race, qui étaient les assemblées de la nation, d'avec les divers Parlements établis par les rois de la troisième race dans les provinces, pour juger les procès des particuliers [1]. Il faut connaître l'origine des fiefs, le service des feudataires, l'affranchissement des serfs, l'accroissement des communautés, l'élévation du tiers état, l'introduction des clercs patriciens pour être les conseillers des nobles peu instruits des lois, et l'établissement des troupes à la solde du roi pour éviter les surprises des Anglais établis au milieu du royaume. Les mœurs et l'état de tout le corps de la nation ont changé d'âge en âge. Sans remonter plus haut, le changement des mœurs est presque incroyable depuis le règne d'Henri IV. Il est cent fois plus important d'observer ces changements de la nation entière que de rapporter des faits particuliers [2].

Si un homme éclairé s'appliquait à écrire sur les règles de l'Histoire, il pourrait joindre les exemples aux préceptes. Il pourrait juger des historiens de tous les siècles ; il pourrait remarquer qu'un excellent historien est peut-être encore plus rare qu'un grand poëte.

Hérodote, qu'on nomme le père de l'Histoire, raconte parfaitement. Il a même de la grâce par la variété des

---

1. L'institution du parlement judiciaire, qui remplaça le parlement féodal, remonte à saint Louis ; c'était d'abord une cour qui suivait les rois pour rendre la justice en leur nom ; Philippe le Bel rendit les parlements sédentaires vers 1302. Leur objet était de recevoir les appels, et de juger en dernier ressort au nom du roi.

2. Les fiefs, bénéfices érigés en domaines héréditaires en 884 (*fee*, salaire, et *od*, bien, domaine) ; feudataires, les possesseurs de fiefs, subordonnés à un suzerain plus puissant ; les serfs (*servi*), les hommes qui, sans être réellement en état d'esclavage, étaient astreints à cultiver une terre sans pouvoir la quitter, et sous condition d'une redevance. — « L'accroissement, » l'affranchissement des communes, le droit qui leur était concédé de gérer leurs affaires particulières et de se défendre contre les seigneurs ; ce fut une grande révolution dans notre monarchie ; la première établie fut celle du Mans, en 1070. — Le tiers état, la bourgeoisie, qui forma un corps politique, lorsqu'elle fut admise aux états généraux, par ordonnance de Philippe le Bel, en 1302. — Les troupes furent soldées par ordonnance de Charles VII, en 1373 : les états généraux d'Orléans de 1439 décidèrent l'entretien d'une armée permanente ; enfin la taille perpétuelle fut établie sous Charles VII. — Fénelon fait observer justement que tous ces points si importants, qui font connaître le développement des institutions, avaient été trop négligés par les historiens de son temps. Ce grand esprit avait un vif sentiment du progrès en tout ; il le voulait dans l'histoire comme en toute autre branche du savoir. Notre siècle, du moins en ce qui regarde l'histoire, a rempli une grande partie de ses vœux ou de ses prévisions.

matières; mais son ouvrage est plutôt un recueil de relations de divers pays, qu'une histoire qui ait de l'intérêt avec un véritable ordre [1].

Xénophon n'a fait qu'un journal dans sa Retraite des dix mille. Tout y est précis et exact, mais uniforme. Sa Cyropédie est plutôt un roman de philosophie, comme Cicéron l'a cru, qu'un roman véritable.

Polybe est habile dans l'art de la guerre et dans la politique; mais il raisonne trop, quoiqu'il raisonne très-bien. Il va au delà des bornes d'un simple historien. Il développe chaque événement dans sa cause : c'est une anatomie exacte. Il montre par une espèce de mécanique qu'un tel peuple doit vaincre un tel autre peuple, et qu'une telle paix faite entre Rome et Carthage ne saurait durer [2].

Thucydide et Tite Live ont de très-belles harangues; mais, selon les apparences, ils les composent au lieu de les rapporter. Il est très-difficile qu'ils les aient trouvées telles dans les originaux du temps. Tite Live savait beaucoup moins exactement que Polybe la guerre de son siècle.

Salluste a écrit avec une noblesse et une grâce singulière; mais il s'est trop étendu en peintures des mœurs, et en portraits des personnes, dans deux histoires très-courtes [3].

Tacite montre beaucoup de génie, avec une profonde connaissance des cœurs les plus corrompus; mais il affecte trop une brièveté mystérieuse. Il est est trop plein de tours poétiques dans ses descriptions. Il a trop d'esprit, il raffine trop; il attribue aux plus subtils ressorts de la politique ce qui ne vient souvent que d'un mécompte, que d'une humeur bizarre, que d'un caprice. Les plus grands

1. L'auteur confirme les préceptes qu'il vient de donner par de rapides jugements sur les principaux historiens. On a remarqué que l'histoire d'Hérodote est un drame qui a de l'unité, et que tous les épisodes se rattachent à un centre, qui est la glorification de la Grèce dans la guerre Médique.

2. Les jugements sur Xénophon et sur Polybe sont justes; il y a pourtant quelque difficulté à se représenter « l'exacte anatomie, l'espèce de mécanique, » par lesquelles Polybe a procédé.

3. Fénelon n'en dit pas assez sur Thucydide, Tite Live et Salluste; d'abord il y a peu de rapport entre la manière austère de l'historien grec de la guerre du Péloponèse, et la merveilleuse abondance (lactea ubertas) de l'historien de la république, que Fénelon paraît louer exclusivement ici comme orateur. Il ne dit pas assez quel admirable narrateur la république romaine avait trouvé dans Tite Live. — L'énergie et la concision de Salluste ne sont point caractérisées dans ce passage.

événements sont souvent causés par les causes les plus méprisables. C'est la faiblesse, c'est l'habitude, c'est la mauvaise honte, c'est le dépit, c'est le conseil d'un affranchi, qui décide, pendant que Tacite creuse pour découvrir les plus grands raffinements dans les conseils de l'Empereur. Presque tous les hommes sont médiocres et superficiels pour le mal comme pour le bien. Tibère, l'un des plus méchants hommes que la terre ait vus, était plus entraîné par ses craintes, que déterminé par un plan suivi [1].

Davila se fait lire avec plaisir; mais il parle comme s'il était entré dans les conseils les plus secrets. Un seul homme ne peut jamais avoir eu la confiance de tous les partis opposés. De plus chaque homme avait quelque secret, qu'il n'avait garde de confier à celui qui a écrit l'histoire. On ne sait la vérité que par morceaux. L'historien qui veut m'apprendre ce que je vois qu'il ne peut pas savoir, me fait douter sur les faits mêmes qu'il sait [2].

Cette critique des historiens anciens et modernes serait très-utile et très-agréable, sans blesser aucun auteur vivant [3].

IX. — RÉPONSE A UNE OBJECTION SUR CES DIVERS PROJETS.

Voici une objection qu'on ne manquera pas de me faire. L'Académie, dira-t-on, n'adoptera jamais ces divers ouvrages sans les avoir examinés. Or il n'est guère vraisemblable qu'un auteur, après avoir pris une peine infinie, veuille soumettre tout son ouvrage à la correction d'une nombreuse assemblée, où les avis seront peut-être fort partagés. Il n'y a donc guère d'apparence que l'Académie adopte cet ouvrage.

1. La notice consacrée à Tacite est plus sérieuse et plus développée. Le reproche qu'il fait à ce grand historien se résume à ce qu'il possédait le défaut de ses qualités. Mais aussi que de profondeur, que de génie pittoresque dans ces admirables récits! comme tout y est vivant, plein de passion, de ressort, de vérité! Tacite allait mieux au génie de Bossuet qu'à celui de Fénelon.

2. Pensée fine, et s'appliquant fort bien à Davila, Italien qui vint en France sous les derniers Valois; il écrivit l'*Histoire des guerres civiles de France*, ouvrage qui a été traduit en français et a joui de beaucoup de célébrité. On lui reproche de raffiner sur les secrets d'Etat et sur les causes des événements.

3. On voit que le journalisme n'était pas encore à l'ordre du jour. Aujourd'hui on se fait peu de scrupule « de blesser un auteur vivant. »

Ma réponse est courte. Je suppose que l'Académie ne l'adoptera point. Elle se bornera à inviter les particuliers à ce travail. Chacun d'eux pourra la consulter dans ses assemblées. Par exemple, l'auteur de la Rhétorique y proposera ses doutes sur l'Éloquence. Messieurs les académiciens lui donneront leurs conseils, et les opinions pourront être diverses. L'auteur en profitera selon ses vues, sans se gêner.

Les raisonnements qu'on ferait dans les assemblées sur de telles questions pourraient être rédigées par écrit dans une espèce de journal, que M. le Secrétaire composerait sans partialité. Ce journal contiendrait de courtes dissertations, qui perfectionneraient le goût et la critique. Cette occupation rendrait Messieurs les académiciens assidus aux assemblées. L'éclat et le fruit en seraient grands dans toute l'Europe [1].

X. — SUR LES ANCIENS ET SUR LES MODERNES [2].

Il est vrai que l'Académie pourrait se trouver souvent partagée sur ces questions. L'amour des anciens dans les uns, et celui des modernes dans les autres, pourrait les empêcher d'être d'accord. Mais je ne suis nullement alarmé d'une guerre civile, qui serait si douce, si polie et si modérée. Il s'agit d'une matière où chacun peut suivre en liberté son goût et ses idées. Cette émulation peut être utile aux lettres. Oserai-je proposer ici ce que je pense là-dessus?

1° Je commence par souhaiter que les modernes sur-

---

1. Fénelon termine ici ses observations sur les travaux de l'Académie; la note qu'il ajoute est toute pratique, et regarde la manière dont on s'y prendra pour rendre facile la confection des divers traités qu'il propose. Il pense avec assez de raison qu'un académicien se chargera peu volontiers d'un travail dont l'adoption sera subordonnée à la correction d'une nombreuse assemblée, où les avis pourront être partagés. Il n'y a qu'un moyen: c'est de confier un ouvrage à faire, et de dispenser l'auteur de tout contrôle préalable.

2. La question des anciens et des modernes, sur laquelle l'auteur revient ici, était, après les querelles religieuses, la plus vive préoccupation des esprits à cette époque. Fénelon pense avec assez de raison que l'Académie pourra être divisée sur cette question si vive; il veut croire que « cette guerre civile » sera toujours modérée. Il est pour la tolérance et pour la liberté des opinions, et il demande avec timidité qu'on lui permette d'émettre son propre jugement.

passent les anciens [1]. Je serais charmé de voir, dans notre
siècle et dans notre nation, des orateurs plus véhéments
que Démosthène, et des poëtes plus sublimes qu'Homère.
Le monde, loin d'y perdre, y gagnerait beaucoup. Les anciens ne seraient pas moins excellents qu'ils l'ont toujours
été, et les modernes donneraient un nouvel ornement au
genre humain. Il resterait toujours aux anciens la gloire
d'avoir commencé, d'avoir montré le chemin aux autres,
et de leur avoir donné de quoi enchérir sur eux.

2° Il y aurait de l'entêtement à juger d'un ouvrage par
sa date.

> Et, nisi quæ terris semota suisque
> Temporibus defuncta videt, fastidit et odit.....
> Si, quia Græcorum sunt antiquissima quæque
> Scripta vel optima, ...
> Scire velim chartis pretium quotus arroget annus.....
> Qui redit in fastos et virtutem æstimat annis,
> Miraturque nihil, nisi quod Libitina sacravit, . . .
> Si veteres ita miratur laudatque poetas,
> Ut nihil anteferat, nihil illis comparet, errat.....
> Quod si tam Græcis novitas invisa fuisset
> Quam nobis, quid nunc esset vetus? aut quid haberet
> Quod legeret tereretque viritim publicus usus [2]?

Si Virgile n'avait point osé marcher sur les pas d'Homère, si Horace n'avait pas espéré de suivre de près Pindare, que n'aurions-nous pas perdu? Homère et Pindare
mêmes ne sont point parvenus tout à coup à cette haute
perfection. Ils ont eu sans doute avant eux d'autres poëtes,
qui leur avaient aplani la voie, et qu'ils ont enfin surpas-
sés. Pourquoi les nôtres n'auraient-ils pas la même espérance? Qu'est-ce qu'Horace ne s'est point promis?

> Dicam insigne, recens, adhuc
> Indictum ore alio. . . .

---

1. Trait de malice naïve. Il le désire peut-être, sans trop l'espérer.

2. Hor., l. II, Ep 1, *passim.* — Cette épitre d'Horace, dont Fénelon relève ici plusieurs traits, est pleine de sel, de finesse attique et de bon sens; mais il faut bien remarquer que dans Horace il ne s'agit pas de la querelle des anciens et des modernes d'une manière absolue, comme serait par exemple la comparaison des Grecs et des Romains; il s'agit seulement de comparer les contemporains du poëte avec les vieux auteurs, ceux des premiers âges de la littérature romaine, les Ennius et les Lucilius. De cette façon d'envisager la question, les modernes, quand ils sont le siècle d'Auguste ou celui de LouisXIV, ont la partie trop belle; mais alors il s'agissait de tout autre chose.

Nil parvum aut humili modo,
Nil mortale loquar.

. . . .

Exegi monumentum ære perennius. . .
Non omnis moriar, multaque pars mei, etc.[1]

Pourquoi ne laisserait-on pas dire de même à Malherbe?

Apollon à portes ouvertes, etc.[2]

3° J'avoue que l'émulation des modernes serait dangereuse, si elle se tournait à mépriser les anciens et à négliger de les étudier. Le vrai moyen de les vaincre, est de profiter de tout ce qu'ils ont d'exquis, et de tâcher de suivre encore plus qu'eux leurs idées sur l'imitation de la belle nature. Je crierais volontiers à tous les auteurs de notre temps que j'estime et que j'honore le plus :

Vos exemplaria græca
Nocturna versate manu, versate diurna[3].

Si jamais il vous arrive de vaincre les anciens, c'est à eux-mêmes que vous devrez la gloire de les avoir vaincus[4].

4° Un auteur sage et modeste doit se défier de soi, et des louanges de ses amis les plus estimables. Il est naturel que l'amour-propre le séduise un peu, et que l'amitié pousse un peu au delà des bornes l'admiration de ses amis pour ses talents[5]. Que doit-il donc faire, si quelque ami, charmé de ses écrits, lui dit :

1. HOR., l. III, Od. 25 et 30. — Quoi qu'en paraisse dire Fénelon, il n'espère pas que les modernes surpasseront Homère et Horace ; c'est une sorte de concession, non pas oratoire, mais familière, qu'il ne faut pas prendre au sérieux.

2. L. III, Od. 11. — C'est la fin de l'Ode à Marie de Médicis ; le poëte se promet l'immortalité, et ne s'est pas menti. Voici les quatre premiers vers de la strophe :

Apollon à portes ouvertes
Laisse indifféremment cueillir
Les belles feuilles toujours vertes
Qui gardent les noms de vieillir, etc.

3. HOR., Ars poet., v. 268.

4. La Bruyère a dit, en forçant un peu : « On ne saurait en écrivant surpasser les anciens que par leur imitation. » Fénelon est plus dans la vérité quand il dit qu'il faut apprendre des Grecs à les vaincre. L'étude approfondie de tels modèles se distingue de l'imitation ; elle laisse entière l'originalité ; elle permet de dire, comme André Chénier :

Sur des pensers nouveaux faisons des
[vers antiques.

5. L'auteur désigne ici avec beaucoup de finesse les auteurs trop prévenus d'eux-mêmes, contre la facilité avec laquelle ils accueillent les éloges de l'amitié ou ceux de l'indulgence. On sup-

Nescio quid majus nascitur Iliade[1].

Il n'en doit pas moins être tenté d'imiter le grand et sage Virgile. Ce poëte voulait en mourant brûler son *Enéide*, qui a instruit et charmé tous les siècles. Quiconque a vu, comme ce poëte, d'une vue nette, le grand et le parfait, ne peut se flatter d'y avoir atteint. Rien n'achève de remplir son idée et de contenter toute sa délicatesse. Rien n'est ici-bas entièrement parfait,

> Nihil est ab omni
> Parte beatum[2].

Ainsi quiconque a vu le vrai parfait, sent qu'il ne l'a pas égalé; et quiconque se flatte de l'avoir égalé ne l'a pas vu assez distinctement[3]. On a un esprit borné avec un cœur faible et vain, quand on est bien content de soi et de son ouvrage. L'auteur content de soi est d'ordinaire content tout seul :

> Quin sine rivali teque et tua solus amares[4].

Un tel auteur peut avoir de rares talents; mais il faut qu'il ait plus d'imagination que de jugement et de saine critique. Il faut, au contraire, pour former un poëte égal aux anciens, qu'il montre un jugement supérieur à l'ima-

---

pose qu'il fait allusion à La Motte, grand adversaire des anciens, qui avait la prétention de les refaire et de les corriger, et qui dans ce but avait publié une *Iliade* en vers, où les vingt-quatre chants d'Homère étaient réduits à douze. L'œuvre de La Motte avait été beaucoup louée par ses partisans, et l'archevêque de Cambrai, avec son urbanité et sa douceur, avait pu accorder à cette œuvre imprudente des éloges sur lesquels il semble adroitement revenir ici.

1. PROPERCE, l. II, El. 34. — Ce beau et noble vers contenait sans doute une exagération, car l'*Enéide* ne devait pas être une œuvre plus grande que l'*Iliade*; mais il est permis de forcer l'éloge quand il porte sur de tels génies.

2. HOR., II, Od. 16.

3. Fénelon traite ici, avec la supériorité de sa diction et de sa pensée, la doctrine de l'idéal, telle que, descendue de Platon, elle avait été enseignée par Cicéron, quand l'orateur romain disait de Phidias, que ce grand artiste avait vu, non dans la réalité, mais dans sa conception, les traits de son Jupiter. (*Orator.*, c. 2.) Cette haute esthétique ne se trouve guère dans le XVIIᵉ siècle, qui se contenta de la réaliser par ses œuvres, et en a laissé peu de préceptes. Fénelon, sur beaucoup de points, devance son siècle d'ailleurs si grand. Toute l'esthétique de l'idéal est dans ce mot : « Rien n'achève de remplir sa pensée, » et dans cet autre : « Quiconque a vu le vrai parfait, sent qu'il ne l'a pas égalé. » L'éminent critique aurait pu rappeler un vers de Juvénal du sens le plus élevé sur l'idéal du poëte :

...Qualem nequeo monstrare et sentio
[tantum.

4. HOR., *Ars poet.*, v. 444.

gination la plus vive et la plus féconde[1]. Il faut qu'un auteur résiste à tous ses amis, qu'il retouche souvent ce qui a été déjà applaudi, et qu'il se souvienne de cette règle :

Nonumque prematur in annum[2].

5° Je suis charmé d'un auteur qui s'efforce de vaincre les anciens, supposé même qu'il ne parvienne pas à les égaler. Le public doit louer ses efforts, l'encourager, espérer qu'il pourra atteindre encore plus haut dans la suite, et admirer ce qu'il a déjà d'approchant des anciens modèles :

Feliciter audet[3].

Je voudrais que tout le Parnasse le comblât d'éloges :

Proxima Phœbi
Versibus ille facit. . . . .
Pastores, hedera crescentem ornate poetam[4].

Plus un auteur consulte avec défiance de soi sur un ouvrage qu'il veut encore retoucher, plus il est estimable :

Hæc quæ Varo necdum perfecta canebat[5].

J'admire un auteur qui dit en lui-même ces belles paroles :

Nam neque adhuc Varo videor nec dicere Cinna
Digna, sed argutos inter strepere anser olores[6].

Alors je voudrais que tous les partis se réunissent pour le louer :

Utque viro Phœbi chorus assurrexerit omnis[7].

Si cet auteur est encore mécontent de soi, quoique le public en soit très-content, son goût et son génie sont au-dessus de l'ouvrage même pour lequel il est admiré[8].

---

1. En exigeant que le jugement prime l'imagination, ce précepte de sagesse ne déprécie pas la faculté, qui, mal réglée, serait la folle du logis ; il veut au contraire l'imagination « la plus vive et la plus féconde. »

2. HOR., *Ars poet.*, v. 388.

3. ID., Ep. I, v. 166.
4. VIRG., Egl. VII, v. 25.
5. *Ibid.*, IX, v. 26.
6. *Ibid.*, v. 35.
7. *Ibid*. Egl. VI, v. 66. — Beau vers, image vive.
8. Tout ce détail est très-heureux ;

6° Je ne crains pas de dire que les anciens les plus parfaits ont des imperfections. L'humanité n'a permis en aucun temps d'atteindre à une perfection absolue. Si j'étais réduit à ne juger des anciens que par ma seule critique, je serais timide en ce point. Les anciens ont un grand avantage : faute de connaître parfaitement leurs mœurs, leur langue, leur goût, leurs idées ; nous marchons à tâtons en les critiquant. Nous aurions été peut-être plus hardis censeurs contre eux, si nous avions été leurs contemporains [1]. Mais je parle des anciens sur l'autorité des anciens mêmes. Horace, ce critique si pénétrant, et si charmé d'Homère, est mon garant, quand j'ose soutenir que ce grand poëte s'assoupit un peu quelquefois dans un long poëme :

Quandoque bonus dormitat Homerus.
Verum opere in longo fas est obrepere somnum [2].

Veut-on, par une prévention manifeste, donner à l'antiquité plus qu'elle ne demande, et condamner Horace pour soutenir, contre l'évidence du fait, qu'Homère n'a jamais aucune inégalité ?

7° S'il m'est permis de proposer ma pensée, sans vouloir contredire celle des personnes plus éclairées que moi, j'avouerai qu'il me semble voir divers défauts dans les anciens les plus estimables. Par exemple, je ne puis goûter les Chœurs dans les tragédies : ils interrompent la vraie

---

Fénelon caractérise fort bien le mérite faux, qui croit en lui, et le mérite vrai, « toujours mécontent de soi : »
Il plaît à tout le monde et ne saurait se [plaire,
dit Boileau. — Notre auteur distingue justement « le goût et le génie, » l'un qui juge, l'autre qui crée.

1. C'était la grande erreur littéraire dans cette querelle ; on ne voulait pas se mettre au point de vue de l'antiquité en jugeant les anciens. C'est pourquoi leurs adversaires les trouvaient fort ridicules, et s'en moquaient à loisir. Leurs défenseurs les plus ardents n'étaient pas eux-mêmes exempts de cette faiblesse. Un grand but de Mᵐᵉ Dacier, dans ses traductions, c'est d'accommoder les anciens, Homère en particulier, au goût des modernes, d'adoucir ce qui pouvait être contraire aux mœurs d'alors, de les dénaturer en quelque sorte, de leur ôter leur couleur locale et leur vérité. La prétention de La Motte avait été de donner une *Iliade* française.

2. Hor., *Ars poet.*, v. 359. — Fénelon n'attribue aux anciens que les défauts inséparables de « l'humanité, » de la faiblesse humaine. Il est entièrement de leur côté ; néanmoins il fait des concessions : il accorde, par exemple, ce sommeil d'Homère, tant répété d'après Horace. Ils sont bien rares et bien courts, les sommeils d'Homère. Combien citerait-on de passages dans ses poëmes où la poésie lui ait fait défaut ? On s'est accoutumé à répéter ce mot sans trop savoir sur quoi il est fondé.

action ; je n'y trouve point une exacte vraisemblance, parce que certaines scènes ne doivent point avoir une troupe de spectateurs. Les discours du Chœur sont souvent vagues et insipides. Je soupçonne toujours que ces espèces d'intermèdes avaient été introduits avant que la Tragédie eût atteint à une certaine perfection [1]. De plus, je remarque dans les anciens des plaisanteries qui ne sont guère délicates. Cicéron, le grand Cicéron même, en fait de très-froides sur des jeux de mots. Je ne retrouve point Horace dans cette petite satire ;

Proscripti Regis Rupili pus, atque venenum[2]...

En la lisant on bâillerait, si on ignorait le nom de son auteur. Quand je lis cette merveilleuse ode du même poëte,

Qualem ministrum fulminis alitem[3]...,

je suis toujours attristé d'y trouver ces mots, *quibus nos unde deductus*, etc. Otez cet endroit, l'ouvrage demeure entier et parfait. Dites qu'Horace a voulu imiter Pindare par cette espèce de parenthèse, qui convient au transport de l'Ode ; je ne dispute point ; mais je ne suis pas assez touché de l'imitation, pour goûter cette espèce de parenthèse, qui paraît si froide et si postiche. J'admets un beau

1. On ne saurait accepter le jugement que porte ici notre auteur sur la tragédie grecque en général, et surtout sur les chœurs. Il ne voit pas que les chœurs, qu'il trouve « insipides, » contiennent peut-être dans leur ensemble le plus riche trésor de poésie lyrique qui soit au monde, en fait du moins de poésie profane. Le chœur est l'essence et le fond de la tragédie grecque ; Fénelon pouvait l'établir sans le supposer ; rien n'était plus connu que cette origine du théâtre grec. Et d'ailleurs n'avait-il rien à dire sur la beauté idéale de ce théâtre, surtout dans ses plus célèbres monuments ? — Voir sur les chœurs, M. Patin, *Etudes sur les tragiques grecs,* t. I, pp. 9 et 10. — Si la présence continuelle du chœur dans l'action est invraisemblable et « interrompt la vraie action, » que dire des confidents dans la tragédie classique moderne, et des entr'actes qui laissent la scène vide et les spectateurs inoccupés dans le drame actuel? Dans le fait, ce n'est pas l'illusion matérielle qu'il faut chercher au théâtre, mais bien l'illusion poétique, idéale, un intérêt qui appartient à l'imagination bien plus qu'aux sens. — Il y a ici dans notre texte quelques pages d'une critique faible. Cette énumération des défauts des anciens est exagérée et de peu de portée. — L'auteur passe du théâtre grec à l'abus des jeux d'esprit ; on désirerait quelque transition.

2. L. I, Sat. 7.

3. L. IV, Od. 4. — C'est une ode très-belle, mais l'imitation pindarique y est trop sensible ; la grande période du début n'est pas sans embarras, et l'inspiration manque de franchise. Horace est plus lyrique lorsqu'il se livre à son inspiration native, que dans les pièces où il fait effort pour maintenir son vol au niveau de celui du poëte de Thèbes. Le passage auquel fait allusion Fénelon est en effet une parenthèse froide et toute prosaïque.

désordre, qui vient du transport, et qui a son art caché [1] ;
mais je ne puis approuver une distraction, pour faire une
remarque curieuse sur un petit détail ; elle ralentit tout.
Les injures de Cicéron contre Marc-Antoine [2] ne me paraissent nullement convenir à la noblesse et à la grandeur de
ses discours. Sa fameuse lettre à Luccéius est pleine de la
vanité la plus grossière et la plus ridicule [3]. On en trouve
à peu près autant dans les lettres de Pline le jeune. Les
anciens ont souvent une affectation, qui tient un peu de ce
que notre nation nomme *pédanterie* [4]. Il peut se faire que
faute de certaines connaissances, que la vraie Religion et
la Physique nous ont données, ils admiraient un peu trop
diverses choses que nous n'admirons guère.

8° Les anciens les plus sages ont pu espérer, comme les
modernes, de surpasser les modèles mis devant leurs yeux.
Par exemple, pourquoi Virgile n'aurait-il pas espéré de
surpasser par la descente d'Énée aux enfers, dans son
VI° livre, cette évocation des ombres qu'Homère nous représente dans le pays des Cimmériens [5] ? Il est naturel de
croire que Virgile, malgré sa modestie, a pris plaisir à
traiter dans son IV° livre de l'Énéide quelque chose d'original, qu'Homère n'avait point touché [6].

9° J'avoue que les anciens ont un grand désavantage par
le défaut de leur religion, et par la grossièreté de leur
philosophie. Du temps d'Homère, leur religion n'était
qu'un tissu monstrueux de fables aussi ridicules que les

---

1. Cela est très-juste : « le désordre
qui vient du transport et qui a son art
caché. » Parfaite expression, meilleure
que le vers de Boileau :

Chez elle un beau désordre est un effet
[de l'art.

2. Voir les *Philippiques,* œuvre d'une
éloquence irritée, que Cicéron expia par
sa mort, et où l'invective est portée à
un point extrême.

3. La 12° du v° livre des *Lettres familières,* dans laquelle Cicéron prie
Luccéius d'écrire l'histoire de son con-
sulat. Cette lettre est fort curieuse : on
y voit à nu la faiblesse vaniteuse du
grand orateur ; il désire que Luccéius
écrive et embellisse son histoire, *ut
ornes eas vehementius etiam quam fortasse sentis.* A son défaut, lui-même,

dit-il, se chargera de son propre éloge.
Cela peut être blâmé ; mais les épithètes
dont se sert Fénelon ne sont pas sans
dureté.

4. Il y a trop de franchise dans la vanité de Cicéron pour qu'il convienne de
lui appliquer ce qu'on a coutume d'entendre par « pédanterie. »

5. *Od.,* l. IX. — Assurément Virgile
a surpassé Homère dans sa nécroman-
cie ; mais cela provient surtout du progrès qui avait eu lieu dans la conception
religieuse et dans les idées sur la vie à
venir.

6. Cela est vrai : rien n'est beau,
grand, original, en fait de tableau de
passion (du moins dans l'antiquité),
comme le IV° livre de l'*Énéide.*

contes de fées. Leur philosophie n'avait rien que de vain
et de superstitieux. Avant Socrate, la Morale était très-
imparfaite, quoique les législateurs eussent donné d'ex-
cellentes règles pour le gouvernement des peuples. Il faut
même avouer que Platon fait raisonner faiblement Socrate sur l'immortalité de l'âme [1]. Ce bel endroit de Virgile,

Felix qui potuit rerum cognoscere causas[2],

aboutit à mettre le bonheur des hommes sages à se déli-
vrer de la crainte des présages et de l'enfer. Ce poëte ne
promet point d'autre récompense dans l'autre vie à la vertu
la plus pure et la plus héroïque, que le plaisir de jouer sur
l'herbe, ou de combattre sur le sable, ou de danser et de
chanter des vers, ou d'avoir des chevaux, ou de mener des
chariots et d'avoir des armes. Encore ces hommes et ces
spectacles, qui les amusaient, n'étaient-ils plus que de
vaines ombres; encore ces ombres gémissaient par l'impatience de rentrer dans des corps, pour recommencer
toutes les misères de cette vie, qui n'est qu'une maladie
par où l'on arrive à la mort, *mortalibus ægris*. Voilà ce
que l'antiquité proposait de plus consolant au genre humain :

Pars in gramineis exercent membra palæstris.....

. . . .
Quæ lucis miseris tam dira cupido[3] ?

---

1. « La grossièreté de leur philosophie. » Ce mot est dur et bien vite
dit, quand on parle en général, et sans
excepter des philosophes tels que Platon
et Cicéron. — La religion homérique
est très-folle, à la considérer comme
sagesse en soi. Platon, l. III de la *République*, relève, comme le fait ici
Fénelon, les fictions d'Homère sur les
dieux. Mais le poëte tire de ces légen-
des, de ces mythes généralement relatifs
aux forces de la nature, de grandes beautés d'imagination. — La morale était
fort imparfaite avant Socrate; cependant les *Gnomiques* renferment des
traits d'une morale pure et élevée. —
Les raisonnements de Platon sur l'immortalité de l'âme dans le *Phédon* et
dans l'*Apologie* ne sont pas si faibles

que l'avance Fénelon ; on y trouve développée entre autres cette raison : que
l'homme est ici-bas dans un poste qu'il
ne saurait quitter sans la volonté du
maître.

2. *Georg.*, l. II, v. 490. — Dans ce
passage, Virgile enseigne en effet la
doctrine épicurienne de Lucrèce ; mais
dans l'*Enéide*, il est passé au stoïcisme
mêlé de platonisme, et le VIe livre est
loin de manquer de grandeur dans les
doctrines.

3. Cela est vrai surtout d'Homère, où
l'on voit Achille, aux Champs Elysées,
regrettant les joies de la vie terrestre.
— Virgile ne sort pas non plus de cette
conception : il donne à ses heureux des
occupations analogues à celles de la vie;
mais on y respire un air de félicité éter-

Les Héros d'Homère ne ressemblent point à d'honnêtes gens, et les Dieux de ce poëte sont fort au-dessous de ces Héros mêmes, si indignes de l'idée que nous avons de l'honnête homme. Personne ne voudrait avoir un père aussi vicieux que Jupiter, ni une femme aussi insupportable que Junon, encore moins aussi infâme que Vénus. Qui voudrait avoir un ami aussi brutal que Mars, ou un domestique aussi larron que Mercure ? Ces Dieux semblent inventés tout exprès par l'ennemi du genre humain, pour autoriser tous les crimes, et pour tourner en dérision la Divinité. C'est ce qui a fait dire à Longin qu'Homère a fait des Dieux de ces hommes qui furent au siége de Troie, et qu'au contraire, des Dieux mêmes il en a fait des hommes [1]. Il ajoute que le législateur des Juifs, qui n'était pas un homme ordinaire, ayant fort bien conçu la grandeur et la puissance de Dieu, l'a exprimée dans toute sa dignité au commencement de ses lois, par ces paroles : Dieu dit : Que la lumière se fasse : et la lumière se fit. Que la terre se fasse : et la terre fut faite [2].

10° Il faut avouer qu'il y a parmi les anciens peu d'auteurs excellents, et que les modernes en ont quelques-uns dont les ouvrages sont précieux. Quand on ne lit point les anciens avec une avidité de savant, ni par le besoin de s'instruire de certains faits, on se borne par goût à un petit nombre de livres grecs et latins. Il y en a fort peu d'excellents, quoique ces deux nations aient cultivé si longtemps les lettres. Il ne faut donc pas s'étonner si notre

nelle qui n'est pas chez son devancier ; il y a le sentiment de la lumière divine qui revêt les justes, *purpureo vestit lumine*. — Les vers cités : l. VI, v. 642, 721.

1. *Traité du sublime*, trad. franç., ch. 7. — Fénelon vient de développer cette belle parole de Longin. C'est, du reste, ce que Cicéron avait dit lui-même : *Humana ad Deos transferebat, divina mallem ad nos* (*Tusc..* I, 26), et saint Augustin (*De Civit., Dei*, IV, 26, et *Confess.*, I, 16). — Ici Fénelon est dans la pleine vérité. Si on considère la religion antique et la morale qui en résulte, d'une manière absolue, on y reconnaît ou la perversité ou une grande

imperfection. La religion chrétienne est venue, qui a tout dissipé, tout réformé, tout rehaussé. C'est ainsi que le même Fénelon dans le *Télémaque*, nous a donné un bonheur des justes aux Champs Elysées, qui n'a plus aucun rapport avec les étroites conceptions de la sagesse antique. Toutefois, au point de vue littéraire, et étant admise l'impuissance païenne, l'auteur aurait pu montrer ici plus d'indulgence qu'il n'en a mis dans ces pages.

2. Certes il s'agit ici d'un sublime tellement divin, hors de ligne, que rien dans les beautés profanes ne saurait lui être comparé.

siècle, qui ne fait que sortir de la barbarie, a peu de livres français qui méritent d'être souvent relus avec un très-grand plaisir. Il me serait facile de nommer beaucoup d'anciens, comme Aristophane, Plaute, Sénèque le tragique, Lucain et Ovide même, dont on se passe volontiers [1]. Je nommerais aussi sans peine un nombre assez considérable d'auteurs modernes, qu'on goûte et qu'on admire avec raison. Mais je ne veux nommer personne, de peur de blesser la modestie de ceux que je nommerais et de manquer aux autres en ne les nommant pas [2].

Il faut d'un autre côté considérer ce qui est à l'avantage des anciens. Outre qu'ils nous ont donné presque tout ce que nous avons de meilleur, de plus, il faut les estimer jusque dans les endroits qui ne sont pas exempts de défauts. Longin remarque qu'il faut craindre la bassesse dans un discours si poli et si limé. Il ajoute que le grand... est glissant et dangereux... Quoique j'aie remarqué, dit-il encore, plusieurs fautes dans Homère, et dans tous les plus célèbres auteurs, quoique je sois peut-être l'homme du monde à qui elles plaisent le moins, j'estime après tout,... qu'elles sont de petites négligences qui leur sont échappées, parce que leur esprit, qui ne s'étudiait qu'au grand, ne pouvait pas s'arrêter aux petites choses... Tout ce qu'on gagne à ne point faire de fautes, est de n'être point repris; mais le grand se fait admirer [3]. Ce judicieux critique croit que c'est dans le déclin de l'âge qu'Homère a quelquefois un peu *sommeillé* par les longues narrations de l'Odyssée. Mais il ajoute que cet affaiblissement est après tout la vieillesse d'Homère. En effet, certains traits négligés des

1. Il est sûr que les écrivains du premier rang chez les anciens sont assez peu nombreux. Aristophane et Plaute lui déplaisent justement pour la licence de leur langage, Sénèque pour sa prétention, Lucain pour son emphase, Ovide pour l'abus qu'il fait de son esprit.

2. Ce tour est très-délicat. Dans le fait, au temps où écrivait Fénelon, le grand siècle avait pris fin; il était peut-être, avec Massillon, le dernier survivant, et lui-même, quand il écrivait ceci, il était au moment de s'éteindre.

3. *Loc. cit.*, ch. 17. — Après toutes ces concessions, l'auteur arrive à relever le mérite des anciens. Il commence à établir, d'après Longin et Horace, qu'il faut consentir à trouver l'imperfection dans les ouvrages d'esprit, mais que l'essentiel est de créer des œuvres grandes et dignes de la postérité; il excuse Homère de ce prétendu sommeil, qui se trouve, dit-il, dans quelques longues narrations de l'*Odyssée*.

grands peintres sont fort au-dessus des ouvrages les plus léchés des peintres médiocres [1]. Le censeur médiocre ne goûte point le sublime, il n'en est point saisi. Il s'occupe bien plutôt d'un mot déplacé, ou d'une expression négligée. Il ne voit qu'à demi la beauté du plan général, l'ordre et la force qui règnent partout. J'aimerais autant le voir occupé de l'orthographe, des points interrogants, et des virgules. Je plains l'auteur qui est entre ses mains et à sa merci : *Barbarus has segetes* [2] ! Le censeur qui est grand dans sa censure se passionne pour ce qui est grand dans l'ouvrage. Il méprise, selon l'expression de Longin, une exacte et scrupuleuse délicatesse. Horace est de ce goût :

> Verum ubi plura nitent in carmine, non ego paucis
> Offendar maculis, quas aut incuria fudit,
> Aut humana parum cavit natura [3].

De plus, la grossièreté difforme de la religion des anciens [4], et le défaut de vraie philosophie morale où ils étaient avant Socrate, doivent en un certain sens faire un grand honneur à l'antiquité. Homère a dû sans doute peindre ses Dieux comme la religion les enseignait au monde idolâtre en son temps. Il devait représenter les hommes selon les mœurs qui régnaient alors dans la Grèce, et dans l'Asie Mineure. Blâmer Homère d'avoir peint fidèlement d'après nature, c'est reprocher à M. Mignard, à M. Detroy, à M. Rigaud, d'avoir fait des portraits ressemblants. Voudrait-on qu'on peignît Momus comme Jupiter, Silène comme Apollon, Alecto comme Vénus, Thersite comme Achille? Voudrait-on qu'on peignît la Cour de notre temps avec les fraises et les barbes

1. Un tableau est « léché » quand les couleurs y sont noyées et adoucies avec beaucoup de travail, le plus souvent au détriment de la franchise, et de la hardiesse de pinceau, qui n'appartiennent qu'aux vrais maîtres.
2. VIRG., Egl. I, v. 72. — Citation piquante. Le critique intelligent moissonne en barbare les vrais trésors du génie. Fénelon fait ici la guerre au purisme, qui ne laisse passer aucune expression hardie, forte, mais vraie, aucune image dépassant la ligne du goût le plus contenu.
3. HOR., *Ars poet.*, v. 351.
4. L'épithète « difforme » n'est pas celle qui convenait ici; les poètes s'attachèrent plutôt à donner des formes élégantes et choisies aux dogmes insensés de leur mythologie.

des règnes passés [1] ? Ainsi Homère ayant dû peindre avec
vérité, ne faut-il pas admirer l'ordre, la proportion, la
grâce, la force, la vie, l'action et le sentiment qu'il a
donné à toutes ses peintures [2] ? Plus la religion était monstrueuse et ridicule, plus il faut l'admirer de l'avoir relevée
par tant de magnifiques images. Plus les mœurs étaient
grossières, plus il faut être touché de voir qu'il ait donné
tant de force à ce qui est en soi si irrégulier, si absurde,
et si choquant [3]. Que n'aurait-il point fait, si on lui eût
donné à peindre un Socrate, un Aristide, un Timoléon, un
Agis, un Cléomène, un Numa, un Camille, un Brutus, un
Marc-Aurèle?

Diverses personnes sont dégoûtées de la frugalité des
mœurs qu'Homère dépeint [4]. Mais outre qu'il faut que le
poëte s'attache à la ressemblance pour cette antique simplicité, comme pour la grossièreté [5] de la religion païenne,
de plus rien n'est aussi aimable que cette vie des premiers
hommes. Ceux qui cultivent leur raison, et qui aiment la
vertu, peuvent-ils comparer le luxe vain et ruineux, qui
est en notre temps la peste des mœurs et l'opprobre de la
nation, avec l'heureuse et élégante simplicité que les anciens nous mettent devant les yeux [6] ? En lisant Virgile, je
voudrais être avec ce vieillard qu'il me montre :

> Namque sub Œbaliæ memini me turribus arcis
> Qua niger humectat flaventia culta Galæsus,

1. Fénelon est ici tout à fait dans le vrai ; il loue comme il convient le grand Homère d'avoir produit tant de merveilles de poésie avec une si étrange religion ; d'avoir donné une physionomie propre, personnelle, à chacun de ses dieux ; d'avoir peint les hommes tels qu'ils étaient de son temps. — Mignard, mort en 1695 ; de Troy, mort en 1730 ; Rigaud, mort en 1743. Fénelon cite ces célèbres artistes, parce qu'ils étaient tous les trois peintres de portraits. L'archevèque de Cambrai avait connu Mignard, mort depuis longtemps ; les deux autres étaient plus jeunes, et préludaient au xviiie siècle. Rigaud peut ètre admiré au Louvre, par les portraits de Louis XIV et de Bossuet. — Les fraises et les barbes étaient des sortes de collerettes en usage du temps de Henri IV.

2. On trouve ici réunis tous les ca-

ractères qui constituent le génie du poëte au plus haut degré.

3. Quelles mœurs violentes que celles d'Achille et d'Agamemnon, et pourtant quels trésors de poésie Homère n'en a-t-il pas tirés ? Quelle vie dans ces figures ! que de vérité dans la peinture de telles passions !

4. « Frugalité » est ici dans le sens latin de frugi : c'est plutôt la simplicité, la naïveté que veut marquer l'auteur.

5. Ce disgracieux mot est trop souvent employé dans cette dernière partie de la Lettre.

6. On reconnait ici l'auteur ; le poète fait bien sentir « l'aimable simplicité » des anciens, comme on en voit l'empreinte à chaque page du Télémaque et de ses Fables, si bien pénétrées de l'esprit antique.

Corycium vidisse senem, cui pauca relicti
Jugera ruris erant : nec fertilis illa juvencis,
Nec pecori opportuna seges.....
Regum æquabat opes animis; seraque revertens
Nocte domum, dapibus mensas onerabat inemptis.
Primus vere rosam atque autumno carpere poma;
Et quum tristis hiems etiam nunc frigore saxa
Rumperet, et glacie cursus frenaret aquarum,
Ille comam mollis jam tondebat hyacinthi,
Æstatem increpitans seram zephyrosque morantes[1].

Homère n'a-t-il pas dépeint avec grâce l'île de Calypso, et les jardins d'Alcinoüs, sans y mettre ni marbre ni dorure. Les occupations de Nausicaa[2] ne sont-elles pas plus estimables que le jeu et les intrigues des femmes de notre temps? Nos pères en auraient rougi; et on ose mépriser Homère, pour n'avoir pas peint par avance ces mœurs monstrueuses[3], pendant que le monde était encore assez heureux pour les ignorer.

Virgile, qui voyait de près toute la magnificence de Rome, a tourné en grâce et en ornement de son poëme la pauvreté du roi Évandre.

Talibus inter se dictis ad tecta subibant
Pauperis Evandri, passimque armenta videbant
Romanoque foro et lautis mugire Carinis.
Ut ventum ad sedes : «Hæc, inquit, limina victor
Alcides subiit; hæc illum regia cepit.
Aude, hospes, contemnere opes, et te quoque dignum
Finge deo, rebusque veni non asper egenis.»
Dixit, et angusti subter fastigia tecti
Ingentem Ænean duxit, stratisque locavit
Effultum foliis et pelle Libystidis ursæ[4].

1. *Georg.*, l. IV, v. 125. — Ce célèbre tableau des mœurs pastorales de l'antique Italie devait surtout charmer Fénelon. L'imagination de ce grand écrivain était moins homérique que virgilienne. Il avait, comme Virgile, le *molle atque facetum*. Du reste, quels beaux vers ici, quelle riche poésie, et comme on y puiserait l'appétit des champs et le désir de consumer sa vie parmi les paisibles occupations du laboureur antique!

2. L'île de Calypso, *Od.*, l. V, v. 57. — Les jardins d'Alcinoüs, VII, v. 112. — Nausicaa, l. VI.

3. «Monstrueux, grossier,» épithètes qui sont assez fréquentes ici, et dans lesquelles on ne retrouve pas assez la délicatesse de langage ordinaire à ce noble esprit. Il est certain que les mœurs homériques, dans leur simplicité, si mal goûtées au siècle de Louis XIV, valaient mieux, du moins au point de vue poétique, que les mœurs de ce temps si fécond « en intrigues. »

4. *Æn.*, VIII, v. 359. — Tout ce tableau est admirable. Ce qu'il faut surtout recueillir dans sa mémoire et le garder toujours, ce sont les paroles d'Evandre au prince troyen. On pourrait

La honteuse lâcheté de nos mœurs nous empêche de lever les yeux pour admirer le sublime de ces paroles : *Aude, hospes, contemnere opes.*

Le Titien, qui a excellé pour le paysage, peint un vallon plein de fraîcheur avec un clair ruisseau, des montagnes escarpées et des lointains qui s'enfuient dans l'horizon. Il se garde bien de peindre un riche parterre avec des jets d'eau et des bassins de marbre[1]. Tout de même Virgile ne peint point des sénateurs fastueux, et occupés d'intrigues criminelles ; mais il représente un laboureur innocent et heureux dans sa vie rustique :

> Deinde satis fluvium inducit rivosque sequentes ;
> Et quum exustus ager morientibus æstuat herbis,
> Ecce supercilio clivosi tramitis undam
> Elicit : illa cadens raucum per lævia murmur
> Saxa ciet, scatebrisque arentia temperat arva[2].

Virgile va même jusqu'à comparer ensemble une vie libre, paisible et champêtre, avec les voluptés mêlées de trouble dont on jouit dans les grandes fortunes. Il n'imagine rien d'heureux qu'une sage médiocrité, où les hommes seraient à l'abri de l'envie pour les prospérités, et de la compassion pour les misères d'autrui :

> Illum non populi fasces, non purpura regum
> Flexit.....
>   Neque ille
> Aut doluit miserans inopem, aut invidit habenti.
> Quos rami fructus, quos ipsa volentia rura
> Sponte tulere sua, carpsit : nec ferrea jura, etc.[3].

trouver là un sens mystérieux, que Virgile ne soupçonnait pas, et dont il est bon de se pénétrer : « Etranger sur cette terre, hôte d'un jour, aie le courage de mépriser les richesses, rends-toi digne d'un dieu, et sois doux envers l'indigence. » — Cela est vraiment chrétien. Quelle grandeur de sens moral dans ce mot : *aude*, si justement relevé par Fénelon ! quelle onction et quelle douce invitation dans ceux-ci : *veni non asper :* et comme l'indigence est bien rendue par ces mots : *rebus egenis !* De tels vers rappellent cette parole du Psalmiste : *Beatus qui intelligit super egenum et pauperem.*

1. On ne voit pas trop à quel paysage du Titien l'auteur fait ici allusion ; la simplicité n'est pas le caractère éminent de ce peintre, si riche coloriste et si peu occupé de la vérité locale.
2. *Georg.*, liv. i, v. 106. — Ces vers respirent à un haut degré l'air des champs et reproduisent à merveille les occupations rustiques. Il était impossible à un peintre de rendre avec une imitation plus parfaite le mouvement de l'eau courant avec effort à travers les ouvertures que lui fait le travail du laboureur.
3. *Georg.*, l. ii, v. 495. — La pensée contenue dans ce vers : *Aut doluit*, etc.,

Horace fuyait les délices et la magnificence de Rome, pour s'enfoncer dans la solitude :

> Omitte mirari beatæ
> Fumum et opes strepitumque Romæ.
>
> . . . .
>
> Mihi jam non regia Roma,
> Sed vacuum Tibur placet aut imbelle Tarentum[1].

Quand les poëtes veulent charmer l'imagination des hommes, ils les conduisent loin des grandes villes ; ils leur font oublier le luxe de leur siècle ; ils les ramènent à l'âge d'or ; ils représentent des bergers dansant sur l'herbe fleurie à l'ombre d'un bocage[2], dans une saison délicieuse, plutôt que des Cours agitées, et des Grands qui sont malheureux par leur grandeur même :

> Agréables déserts, séjour de l'innocence,
> Où, loin des vanités de la magnificence,
> Commence mon repos et finit mon tourment ;
> Vallons, fleuves, rochers, plaisante solitude,
> Si vous fûtes témoins de mon inquiétude,
> Soyez-le désormais de mon contentement[3].

Rien ne marque tant une nation gâtée, que ce luxe dédaigneux qui rejette la frugalité des anciens. C'est cette dépravation qui renversa Rome. *Insuevit*, dit Salluste, *amare, potare ; signa, tabulas pictas, vasa cælata mirari... Divitiæ honori esse cœpere... hebescere virtus, paupertas probro ha-*

---

peut surprendre. Virgile semble louer le bonheur de l'homme des champs en ce que, dans sa paisible et sûre médiocrité, il n'envie pas le riche et n'a pas pitié du pauvre ; que du moins « il est à l'abri de la compassion pour les misères d'autrui. » C'est la morale de Lucrèce, exprimée par ces vers si connus :
Suave mari magno, etc.
Sed quibus ipse malis careas quia cernere [*suave est.*
Mais Virgile veut seulement dire que son heureux laboureur n'a pas sous les yeux le spectacle de l'indigence ; sans doute parce qu'il fait du bien autour de lui. Dans tous les cas, le sens n'est pas très-clair.
1. L. III, Od. 29. — L. I, Ep. 7. — Delille, après J.-J. Rousseau, a bien exprimé le *fumum Romæ* :

Paris, ville de bruit, de boue et de fumée.
2. L'imagination de l'auteur du *Télémaque* se trouve en abrégé dans ce coin de paysage : « Le bocage et l'herbe fleurie » occupèrent toute sa vie quelque place dans cette âme de poëte.
3. Extrait des belles stances de Racan sur la Retraite :
Ne croyons plus, mon âme, aux choses de [ce monde,
Sa promesse est un verre, et sa faveur [une onde.
Fénelon aurait pu citer la Fontaine, qui abonde en traits charmants sur la vie reposée et contre les soins de l'ambition :
Lorsque sur cette mer on court à pleines [voiles,
Qu'on croit avoir pour soi les vents et les [étoiles, etc.

beri... Domos, atque villas... in urbium modum exædificatas... A privatis compluribus subvorsos montes, maria constructa esse : quibus mihi ludibrio videntur fuisse divitiæ... Vescendi causa terra marique omnia exquirere [1]. J'aime cent fois mieux la pauvre Ithaque d'Ulysse qu'une ville brillante par une si odieuse magnificence [2]. Heureux les hommes, s'ils se contentaient des plaisirs qui ne coûtent ni crime ni ruine ! C'est notre folle et cruelle vanité, et non pas la noble simplicité des anciens, qu'il faut corriger.

Je ne crois point (et c'est peut-être ma faute) ce que divers savants ont cru : ils disent qu'Homère a mis dans ses poëmes la plus profonde politique, la plus pure morale et la plus sublime théologie. Je n'y aperçois point ces merveilles, mais j'y remarque un but d'instruction utile pour les Grecs, qu'il voulait voir toujours unis et supérieurs aux Asiatiques. Il montre que la colère d'Achille contre Agamemnon a causé plus de malheurs à la Grèce que les armes des Troyens :

> Quidquid delirant reges, plectuntur Achivi.
> Seditione, dolis, etc. [3].

En vain les Platoniciens du Bas-Empire, qui imposaient à Julien, ont imaginé des allégories et de profonds mystères dans les divinités qu'Homère dépeint. Ces mystères sont chimériques ; l'Écriture, les Pères, qui ont réfuté l'idolâtrie, l'évidence même du fait, montrent une religion extravagante et monstrueuse ; mais Homère ne l'a pas faite : il l'a trouvée ; il n'a pu la changer. Il l'a ornée ; il

---

1. *Catilina*, c. 11 et sqq.
2. Toujours pour revenir à l'éloge d'Homère, objet des plus vives attaques dans la querelle entre les anciens et les modernes, et dont les beaux esprits ne pouvaient supporter la simplicité, qui leur semblait rustique, et comme ils disaient : « grossière. »
3. Hor., l. I, Ep. II, v. 14. — Le poëte, dans cette épitre, exprime d'une manière achevée la sagesse et la haute moralité qui peut se recueillir des poëmes d'Homère. Fénelon ne cherche pas dans le plus grand des poëtes un raffi-nement de science et de politique ; mais il trouve en lui ce qui peut instruire les peuples dans l'art de se conduire et de se gouverner avec sagesse. L'assertion qu'Homère avait eu le dessein d'établir la supériorité des Grecs sur les peuples d'Asie semble être inspirée par un passage très-remarquable du *Disc. sur l'hist. univ.* de Bossuet, IIIe part., c. 5 : « Une des choses qui faisait aimer la poésie d'Homère, c'est qu'il chantait les victoires et les avantages de la Grèce sur l'Asie. »

a caché dans son ouvrage un grand art; il a mis un ordre qui excite sans cesse la curiosité du lecteur. Il a peint avec naïveté, grâce, force, majesté, passion. Que veut-on de plus [1] ?

Il est naturel que les modernes, qui ont beaucoup d'élégance et de tours ingénieux, se flattent de surpasser les anciens, qui n'ont que la simple nature. Mais je demande la permission de faire ici une espèce d'apologue : Les inventeurs de l'architecture qu'on nomme *gothique*, et qui est, dit-on, celle des Arabes, crurent sans doute avoir surpassé les architectes grecs. Un édifice grec n'a aucun ornement qui ne serve qu'à orner l'ouvrage ; les pièces nécessaires pour le soutenir, ou pour le mettre à couvert, comme les colonnes et la corniche, se tournent seulement en grâce par leurs proportions. Tout est simple, tout est mesuré, tout est borné à l'usage. On n'y voit ni hardiesse, ni caprice qui impose aux yeux. Les proportions sont si justes, que rien ne paraît fort grand, quoique tout le soit ; tout est borné à contenter la vraie raison. Au contraire, l'architecte gothique élève sur des piliers très-minces une voûte immense qui monte jusqu'aux nues. On croit que tout va tomber, mais tout dure pendant bien des siècles. Tout est plein de fenêtres, de roses et de pointes ; la pierre semble découpée comme du carton : tout est à jour, tout est en l'air. N'est-il pas naturel que les premiers achitectes gothiques se soient flattés d'avoir surpassé par leur vain raffinement la simplicité grecque [2] ? Changez seulement les noms ; mettez

---

1. Julien, et avant lui les Nouveaux Platoniciens, essayèrent vainement d'expliquer les fables homériques comme des mythes spiritualistes et essentiellement religieux. Notre auteur dit justement que « de tels mystères sont chimériques. » Il y avait, certes, beaucoup d'allégories dans la religion des plus anciens Grecs ; mais ces allégories étaient le plus généralement des mythes tenant aux premières cosmogonies, et se rapportant à la personnification des forces de la nature. La science moderne, ayant à sa tête Creuzer, a fait de grands travaux sur ce point. Les allégories morales ont eu leur part, mais plus tardive-

ment, et il est facile de les reconnaître. L'auteur conclut avec raison qu'il ne faut pas se préoccuper des extravagances de la religion homérique, mais des beautés du poëte malgré cette entrave. Or, il énumère si complétement ces beautés, qu'il a bien lieu de conclure : « Que veut-on de plus ? »

2. Fénelon tranche légèrement la question de l'origine obscure, et qu'il ne nous appartient pas de discuter ici, de l'architecture gothique, qu'il attribue aux Arabes. Mais ce qui est plus grave, c'est la manière dont il parle de cette architecture, qu'il déprécie entièrement, sans reconnaître les merveilles de cet

les poëtes et les orateurs en la place des architectes. Lucain devait naturellement croire qu'il était plus grand que Virgile. Sénèque le tragique pouvait s'imaginer qu'il brillait bien plus que Sophocle[1]. Le Tasse a pu espérer de laisser derrière lui Virgile et Homère[2]. Ces auteurs se seraient trompés en pensant ainsi; les plus excellents auteurs de nos jours doivent craindre de se tromper de même[3].

Je n'ai garde de vouloir juger, en parlant ainsi; je propose seulement aux hommes qui ornent notre siècle, de ne mépriser point ceux que tant de siècles ont admirés. Je ne vante point les anciens comme des modèles sans imperfection; je ne veux point ôter à personne l'espérance de les vaincre. Je souhaite au contraire de voir les modernes victorieux par l'étude des anciens mêmes qu'ils auront vaincus. Mais je croirais m'égarer au delà de mes bornes, si je me mêlais de juger jamais pour le prix entre les combattants :

Non nostrum inter vos tantas componere lites,
Et vitula tu dignus et hic[4]...

art essentiellement chrétien, dont le symbolisme si grand, si relevé, méritait d'être traité par l'illustre archevêque autrement que « de vain raffinement. » Les éloges qu'il vient de donner à l'architecture grecque sont justes, bien fondés, mais c'était un parti pris dans tout le xviie siècle, même chez les plus grands esprits de cet âge de foi, de méconnaître l'architecture chrétienne. — Voir ce que le même auteur a déjà dit sur ce sujet, 2e dial. sur l'*Eloq.*, vers la fin; il y revient dans son Discours de réception. Voir aussi la Bruyère, des *Ouvrages de l'esprit* : « On a entièrement abandonné l'ordre gothique, que la barbarie avait introduit. » — Ce n'est pas ici « un apologue, » c'est un rapprochement.

1. Celui-ci est parfaitement insignifiant, on dirait absurde si on osait s'exprimer ainsi à l'égard d'un si grand esprit. Lucain a pu se figurer qu'il surpassait Virgile; de même aussi l'architecture gothique a pu se croire supérieure à l'architecture grecque, parce qu'elle était venue plus tard. La logique fait entièrement défaut en cet endroit.

2. Fénelon, au sujet du Tasse (ce grand poëte, supérieur à Virgile pour le génie de la composition épique, et qui l'approche pour le style), en est encore à l'injuste vers de Boileau :

Et le clinquant du Tasse à tout l'or de
[Virgile.

3. L'auteur ne s'engage pas beaucoup; quand il écrivait cette lettre, il n'y avait plus de grands poëtes, à l'exception pourtant de J.-B. Rousseau, qui achevait sa carrière en exil.

4. VIRG., *Egl.* III. — Fénelon, en concluant, use de prudence; il fait comme le berger choisi pour servir d'arbitre entre deux chanteurs rivaux; il adjuge un prix à l'un et à l'autre. Pour quel parti est-il, en définitive? Du parti de la sagesse, qui se contente de jouir et d'admirer; on ne prend pas des balances pour y peser l'objet de son plaisir et de son admiration. On verra plus loin, dans sa correspondance avec Lamotte, sa pensée se développer sans trop prendre parti. Pourtant, s'il ne conclut pas, il semble évident que ses préférences sont pour ceux qu'il avait tant étudiés, tant imités, dont il partageait l'heureuse simplicité et le goût accompli pour les anciens.

Vous m'avez pressé, Monsieur, de dire ma pensée. J'ai moins consulté mes forces que mon zèle pour la compagnie. J'ai peut-être trop dit, quoique je n'aie prétendu dire aucun mot qui me rende partial. Il est temps de me taire :

> Phœbus volentem prælia me loqui,
> Victas et urbes, increpuit lyra,
> Ne parva Tyrrhenum per æquor
> Vela darem[1].

Je suis pour toujours, avec une estime sincère et parfaite, Monsieur, etc.

---

1. Hor., l. iv, ode 12. — Si Fénelon n'osait pas livrer sa voile aux périls de la mer Tyrrhénienne, c'est-à-dire s'engager dans cette querelle alors si orageuse, qui donc avait plus le droit de ne pas craindre, que le grand homme dont nous venons d'analyser la dernière œuvre ? — Un critique d'un ordre élevé, récemment enlevé par une mort prématurée, M. H. Rigault, dans son intéressante *Histoire de la querelle entre les anciens et les modernes*, expose avec le détail qui suit la position prise par Fénelon sur cet objet, dans cette dernière partie de la *Lettre à l'Académie*. « Fénelon exprime sa pensée sans blesser l'opinion d'une assemblée où l'antiquité n'était pas souveraine. Le caractère de ce grand esprit, si jaloux de plaire, s'y montre tout entier. Ce dernier chapitre n'est pas concluant ; du moins la conclusion ne répond-elle pas aux prémisses ; à force de viser à l'impartialité, et au moment de se prononcer entre les deux partis, il s'évade par la porte dérobée d'une citation latine : « Vous êtes également dignes du prix. » A part les concessions arrachées au critique par la politesse de l'homme du monde poussée jusqu'à la complaisance, à voir avec quel entraînement plein de charme il admire Homère, Virgile, Horace, et cite leurs vers de mémoire avec une intarissable abondance, on reconnaît aisément que ce qui domine dans ce livre est l'amour et en quelque sorte l'adoration de l'antiquité. »

MÉMOIRE

SUR

LES OCCUPATIONS DE L'ACADÉMIE FRANÇAISE

Pour obéir à ce qui est porté dans la délibération du 23 novembre 1713, je proposerai ici mon avis sur les travaux qui peuvent être les plus convenables à l'Académie par rapport à son institution et à ce que le public attend d'un corps si célèbre[1]. Pour le faire avec quelque ordre, je diviserai ce que j'ai à dire en deux parties : la première regardera l'occupation de l'Académie pendant qu'elle travaille encore au Dictionnaire ; la deuxième, l'occupation qu'elle peut se donner lorsque le Dictionnaire sera entièrement achevé[2].

PREMIÈRE PARTIE.

OCCUPATION DE L'ACADÉMIE PENDANT QU'ELLE TRAVAILLE ENCORE AU DICTIONNAIRE.

Je suis persuadé qu'il faut continuer le travail du Dictionnaire[3], et qu'on ne peut y donner trop de soin ni trop d'application, jusqu'à ce qu'il ait reçu toute la perfection

---

1. Le mémoire qui va suivre peut être regardé comme une première esquisse de la *Lettre à l'Académie française*. M. Dacier, en raison d'une délibération prise par l'Académie, lui demandait un mémoire, et voici le travail officiel que Fénelon lui envoya. Un peu plus tard, comme un tel sujet lui semblait attrayant, et qu'il trouvait là une occasion de réveiller les beaux souvenirs littéraires, il écrivit la lettre à M. Dacier. Le mémoire est écrit d'un style très-simple et tout didactique ; il s'agit en général de questions réglementaires, qui demanderont quelques notes d'éclaircissements.

2. Fénelon est d'avis que le travail du *Dictionnaire* est si important, qu'il n'y a pas lieu pour l'Académie de s'en distraire, et que les autres travaux ne peuvent venir qu'après l'achèvement de ce grand ouvrage ; de là la division de ce mémoire en deux parties.

3. La première édition du *Dictionnaire* était de 1694. L'Académie en avait entrepris la révision en 1700. En 1713, le travail avançait, et la seconde édition devait paraître en 1718.

dont peut être susceptible le Dictionnaire d'une langue vivante, c'est-à-dire sujette à de continuels changements[1].

Mais c'est une occupation véritablement digne de l'Académie. Les mauvaises plaisanteries des ignorants, et sur le temps qu'on y emploie, et sur les mots que l'on y trouve, n'empêcheront pas que ce ne soit le meilleur et le plus parfait ouvrage qui ait été fait en ce genre-là jusqu'à présent. Je crois que cela ne suffit pas encore, et que pour rendre ce grand ouvrage aussi utile qu'il le peut être, il faut y joindre un recueil très-ample et très-exact de toutes les remarques que l'on peut faire sur la langue française, et commencer dès aujourd'hui à y travailler[2]. Voici les raisons de mon avis.

Le dictionnaire le plus parfait ne contient jamais que la moitié d'une langue : il ne présente que les mots et leur signification; comme un clavecin bien accordé ne fournit que des touches, qui expriment à la vérité la plus juste valeur de chaque son, mais qui n'enseigne ni l'art de les employer, ni les moyens de juger de l'habileté de ceux qui les emploient[3].

Les Français naturels peuvent trouver dans l'usage du monde et dans le commerce des honnêtes gens[4] ce qui leur est nécessaire pour bien parler leur langue; mais les étrangers ne peuvent le trouver que dans des remarques.

C'est ce qu'ils attendent de l'Académie; et c'est peut-être la seule chose qui manque à notre langue pour devenir la langue universelle de toute l'Europe et, pour ainsi dire, de tout le monde. Elle a fourni une infinité d'excellents livres en toutes sortes d'arts et de sciences. Les étrangers de tout pays, de tout âge, de tout sexe, de toute condi-

1. Evidemment un dictionnaire doit varier avec les progrès de la langue et ceux de la civilisation.

2. Dans la pensée de Fénelon, il s'agirait d'un travail grammatical complémentaire, « joint » au *Dictionnaire*, d'un recueil de remarques sur la langue française? Ce travail est-il fait au temps où nous-mêmes écrivons? Sans doute il y a eu beaucoup d'œuvres de détail, mais point de résultat solide et complet. L'Académie imprime en ce moment une histoire des mots de la langue, sur une grande échelle; le vœu de Fénelon sera sans doute dépassé par cette publication.

3. Ceci est ingénieux; le dictionnaire est le clavecin, le piano, dont les mots sont les touches; la grammaire est la méthode qui enseigne à remuer les touches et à exécuter les symphonies.

4. Des hommes d'un esprit cultivé.

tion, se font aujourd'hui un honneur et un mérite de la savoir. C'est à nous à faire en sorte que ce soit pour eux un plaisir de l'apprendre [1].

On le peut aisément par le moyen de ces remarques, qui seront également solides dans leurs décisions, et agréables par la manière dont elles seront écrites [2].

Et certainement rien n'est plus propre à redoubler chez les étrangers l'amour qu'ils ont déjà pour notre langue, que la facilité qu'on leur donnera de se la rendre familière, et l'espérance qu'ils auront de trouver en un seul volume la solution de toutes les difficultés qui les arrêtent dans la lecture de nos bons auteurs.

J'en ai souvent fait l'expérience avec des Espagnols, des Italiens, des Anglais et des Allemands même : ils étaient ravis de voir qu'avec un secours médiocre ils parvenaient d'eux-mêmes à entendre nos poëtes français plus facilement qu'ils n'entendent ceux mêmes qui ont écrit dans leur propre langue, et qu'ils se croient cependant obligés d'admirer, quoiqu'ils avouent qu'ils n'en ont qu'une intelligence très-imparfaite [3].

N. Prior, Anglais, dont l'esprit et les lumières sont connus de tout le monde, et qui est peut-être de tous les étrangers celui qui a le plus étudié notre langue, m'a parlé cent fois de la nécessité du travail que je propose, et de l'impatience avec laquelle il est attendu [4].

Voici, à ce qu'il me semble, les moyens de l'entreprendre avec succès.

Il faudrait convenir que tous les académiciens qui sont à Paris seraient obligés d'apporter par écrit ou d'envoyer chaque jour d'assemblée une question sur la langue, telle

---

1. L'universalité de la langue française déjà très-avancée sous Louis XIV, n'a fait que s'accroître ; maintenant, c'est presque une réalité accomplie.

2. Il y avait eu précédemment divers ouvrages dans le genre de celui que recommande Fénelon : 1° *Remarques et décisions de l'Académie française*, publiées en 1698, par l'abbé Tallemant ; 2° *Observations sur les remarques de Vaugelas*, publiées par Th. Corneille, en 1704.

3. Il est assez difficile de comprendre comment, « avec un travail médiocre, » les étrangers entendent nos poëtes plus aisément que ceux mêmes de leur propre langue. Il y a là une exagération qui ne saurait être acceptée ; on ne sait pas une langue étrangère comme la sienne propre.

4. Prior, mort en 1721, poëte et en même temps diplomate, qui remplit plusieurs missions en France, où il rencontra et apprécia l'archevêque de Cambrai

qu'ils jugeraient à propos, sans même se mettre en peine de savoir si elle aura déjà été traitée par le P. Bouhours, par Ménage ou par d'autres [1].

On en doit seulement excepter celles de Vaugelas, qui ont été revues par l'Académie, aux sages décisions de laquelle il faut se tenir. Ceux qui apporteront leurs questions pourront à leur choix, ou les proposer eux-mêmes, ou les remettre à M. le Secrétaire perpétuel, pour être par lui proposées; et elles le seront selon l'ordre dans lequel chacun sera arrivé à l'assemblée.

Les questions des absents seront remises à M. le Secrétaire perpétuel, pour être par lui proposées après toutes les autres et dans l'ordre qu'il jugera à propos.

On emploiera depuis trois heures jusqu'à quatre au travail du Dictionnaire, et depuis quatre jusqu'à cinq à examiner les questions. Les décisions seront rédigées au bas de chaque question, ou par celui qui l'aura proposée, s'il le désire, ou par M. le Secrétaire perpétuel, ou par ceux qu'il voudra prier de le soulager dans ce travail [2].

La meilleure manière de trouver aisément des questions et d'en rendre l'examen doublement utile, ce sera de les chercher dans nos bons livres en faisant attention à toutes les façons de parler qui le mériteront, ou par leur élégance, ou par leur irrégularité, ou par la difficulté que les étrangers peuvent avoir à les entendre; et en cela je ne propose que l'exécution du vingt-cinquième article de nos statuts.

Les académiciens qui sont dans les provinces ne seront point exempts de ce travail, et seront obligés d'envoyer tous les mois ou tous les trois mois, à M. le Secrétaire perpétuel autant de questions qu'il y aura eu de jours d'assemblée. On tirera de ce travail des avantages très-considé-

---

1. Le P. Bouhours, jésuite, avait publié un bon nombre d'écrits sur notre langue. — Ménage a laissé plus de souvenirs par ses *Observations sur la langue française*, qui parut en 1672, et surtout par son *Dictionnaire étymologique,* etc., ouvrage qui, malgré ses erreurs de détail, sert encore de base à tous les travaux sur l'étymologie de notre langue.

2. L'Académie ne pouvait guère se résoudre à se lier ainsi, et partager tout son temps, à une minute près, à des discussions, d'abord sur le dictionnaire, puis sur la grammaire.

rables ; ce sera pour les étrangers un excellent commentaire sur tous nos bons auteurs, et pour nous-mêmes un moyen sûr de développer le fond de notre langue, qui n'est pas encore parfaitement connu [1].

De ces remarques mises en ordre on pourra aisément former le plan d'une nouvelle Grammaire française ; et elle sera peut-être la seule bonne qu'on ait vue jusqu'à présent [2].

Elles seront encore très-utiles pour conserver le mérite du Dictionnaire : car il s'établit tous les jours des mots nouveaux dans notre langue ; ceux qui y sont établis perdent leur ancienne signification et en acquièrent de nouvelles. Il est impossible de faire une édition du Dictionnaire à chaque changement ; et cependant ces changements le rendraient défectueux en peu d'années, si l'on ne trouve le moyen d'y suppléer par ces remarques qui seront, pour ainsi dire, le journal de notre langue, et le dépôt éternel de tous les changements que fera l'usage [3].

Je ne dois point omettre que ce nouveau genre d'occupation rendra nos assemblées plus vives et plus animées, et par conséquent y attirera un plus grand nombre d'académiciens, à qui la longue et pesante uniformité de notre ancien travail ne laisse pas de paraître ennuyeuse. Le public même prendra part à nos exercices, et travaillera, pour ainsi dire, avec nous ; la cour et la ville [4] nous fourniront des questions en grand nombre, indépendamment

1. C'est une obligation que l'Académie a dû avoir de la peine à imposer, et un résultat qui a dû peu s'obtenir. Que ces messieurs aient consenti à une pareille discipline, cela est fort douteux. Qu'est-ce que le bureau aurait fait de tous ces envois divergents, et comment discuter sur toutes ces diversités et en obtenir un résultat qui fût un !

2. A mon sens, il n'y a qu'une difficulté à cela, c'est l'impossibilité d'opérer une fusion de travaux qui sans doute seraient peu d'accord entre eux.

3. « Le journal de notre langue. » L'idée et l'expression sont bonnes ; elles ont fait fortune ; il y a maintenant le Journal des savants. Ce serait une heureuse idée qu'un journal grammatical, sous le patronage de l'Académie, rendant compte de toutes les modifications établies par l'usage ou par les décisions de l'illustre compagnie, dans le champ du langage usuel.

4. Au XVIIᵉ siècle, du temps de l'hôtel de Rambouillet ; au XVIIIᵉ, du temps des salons de Mᵐᵉ la duchesse du Maine, on aurait pu voir ce que suppose ici l'archevêque de Cambrai : « La cour et la ville prendre part aux exercices de l'Académie, » et se passionner pour des questions de langage. Au temps même où écrivait Fénelon, au commencement du XVIIᵉ siècle, le salon de la duchesse du Maine était de cette force.

de celles qui se trouvent dans les livres : donc l'intérêt que chacun prendra à la question qu'il aura proposée produira dans les esprits une émulation qui est capable de porter notre langue à un degré de perfection où elle n'est point encore arrivée. On en peut juger par le progrès que la géométrie et la musique ont fait dans ce royaume depuis trente ans.

Il faudra imprimer régulièrement et au commencement de chaque trimestre le travail de tout ce qui aura été fait dans le trimestre précédent. La révision de l'ouvrage et le soin de l'impression pourront être remis à deux ou trois commissaires que l'Académie nommera tous les trois mois pour soulager M. le Secrétaire perpétuel.

Chacun de ces volumes, dont il faut espérer que la lecture sera très-agréable et le prix très-modique, se distribuera aisément, non-seulement par toute la France, mais par toute l'Europe ; et l'on ne sera pas longtemps sans en reconnaître l'utilité.

Et pour éviter l'ennui que trop d'uniformité jette toujours dans les meilleures choses, il sera à propos de varier le style de ces remarques, en les proposant en forme de lettre, de dialogue ou de question, suivant le goût et le génie de ceux qui les proposeront [1].

SECONDE PARTIE.

OCCUPATION DE L'ACADÉMIE APRÈS QUE LE DICTIONNAIRE SERA ACHEVÉ.

Mon avis est que l'Académie entreprenne d'examiner les ouvrages de tous les bons auteurs qui ont écrit en notre langue, et qu'elle en donne au public une édition accompagnée de trois sortes de notes:

1° Sur le style et le langage;

---

1. Ces propositions sont fort sensées. — On regrette que dans ces prescriptions sur la confection du dictionnaire, Fénelon n'ait pas produit quelques vues élevées sur la science philologique, alors si peu avancée, sur la recherche et les procédés des étymologies ; enfin, sur le point de vue philosophique qui doit se montrer dans tout travail sérieux relatif aux questions de grammaire.

2° Sur les pensées et les sentimen's;

3° Sur le fond et sur les règles de l'art de chacun de ces ouvrages.

Nous avons dans les remarques de l'Académie sur le Cid, et dans ses observations sur quelques odes de Malherbe, un modèle très-parfait de cette sorte de travail; et l'Académie ne manque ni de lumières ni du courage nécessaire[1] pour l'imiter.

Il ne faut pas toutefois espérer que cela se fasse avec la même ardeur que dans les premiers temps, ni que plusieurs commissaires s'assemblent régulièrement, comme ils faisaient alors, pour examiner un même ouvrage, et en faire ensuite leur rapport dans l'assemblée générale : ainsi il faut que chacun des académiciens, sans en excepter ceux qui sont dans les provinces, choisisse selon son goût l'auteur qu'il voudra examiner, et qu'il apporte ou qu'il envoie ses remarques par écrit aux jours d'assemblée[2].

Le public ne jugera pas indigne de l'Académie un travail qui a fait autrefois celui d'Aristote, de Denys d'Halicarnasse, de Démétrius, d'Hermogène, de Quintilien et de Longin[3]; et peut-être que par là nous mériterons un jour de la postérité la même reconnaissance que nous conservons aujourd'hui pour ces grands hommes qui nous ont si utilement instruits sur les beautés et les défauts des plus fameux ouvrages de leur temps.

D'ailleurs rien ne saurait être plus utile pour exécuter le dessein que l'Académie a toujours eu de donner au pu-

---

1. La recommandation de Fénelon n'était pas nouvelle et n'a pas été perdue. Les *Sentiments de l'Académie sur le Cid*, rédigés par Chapelain, avaient paru en 1637; mais depuis ce temps rien ne s'était produit dans ce genre. C'est de nos jours surtout que l'Académie a relevé le programme de Fénelon; elle a mis au concours des travaux sur le style et le langage de Corneille et de Molière.

2. Cette idée paraît avoir germé et a produit les éditions assez nombreuses des classiques annotés qui ont paru depuis la première moitié du XVIIIe siècle. Tel fut surtout le Commentaire de Voltaire sur Corneille, publié en 1764. Il y avait eu même, en 1764, une décision de l'Académie portant qu'il serait donné des éditions annotées des auteurs classiques. C'est ainsi que Boileau et Racine furent commentés. L'érudition française a toujours aimé ce genre de travail; de nos jours il s'est beaucoup multiplié, mais avec des proportions restreintes. Le public des classes goûte assez les éditions avec notes, auxquelles bon nombre de maîtres de l'Université ont donné leurs soins.

3. Nous voilà, humbles commentateurs de classiques usuels, en glorieuse compagnie; nous marchons dans les bagages. *Utinam bene.*

blic une Rhétorique et une Poétique. L'article xxvi de nos statuts porte en termes exprès que ces ouvrages seront composés sur les observations de l'Académie : c'est donc par ces observations qu'il faut commencer, et c'est ce que je propose.

S'il ne s'agissait que de mettre en français les règles d'éloquence et de poésie que nous ont données les Grecs et les Latins, il ne nous resterait plus rien à faire. Ils ont été traduits en notre langue, et sont entre les mains de tout le monde ; et la Poétique d'Aristote n'était peut-être pas si intelligible de son temps pour les Athéniens qu'elle l'est aujourd'hui pour les Français depuis l'excellente traduction que nous en avons, et qui est accompagnée des meilleures notes qui aient peut-être jamais été faites sur aucun auteur de l'antiquité[1].

Mais il s'agit d'appliquer ces préceptes à notre langue, de montrer comment on peut être éloquent en français, et comment on peut, dans la langue de Louis le Grand, trouver le même sublime et les mêmes grâces qu'Homère et Démosthène, Cicéron et Virgile, avaient trouvées dans la langue d'Alexandre et dans celle d'Auguste.

Or cela ne se fera pas en se contentant d'assurer, avec une confiance peut-être mal fondée, que nous sommes capables d'égaler et même de surpasser les anciens. Ce n'est en effet que par la lecture de nos auteurs, et par un examen sérieux de leurs ouvrages, que nous pouvons connaître nous-mêmes et faire ensuite sentir aux autres ce que peut notre langue et ce qu'elle ne peut pas, et comment elle veut être maniée pour produire les miracles qui sont les effets ordinaires de l'éloquence et de la poésie[2].

Chaque langue a son génie, son éloquence, sa poésie, et, si j'ose ainsi parler, ses talents particuliers.

1. La *Rhétorique* d'Aristote, cette source de tous les travaux en matière de critique jusqu'à Fénelon, avait été traduite par Dacier, et publiée avec des remarques, en 1692.

2. Fénelon ne veut pas que l'on se contente des travaux de rhétorique des anciens, qui ne portaient que sur leur propre langue et leurs propres modèles ; il veut du progrès, un travail français sur des auteurs français, afin qu'il puisse s'établir une comparaison entre notre langue et celles de l'antiquité, et que nous puissions voir par là « ce que peut notre langue, ce qu'elle ne peut pas, » et à quel point il lui a été dit : *Huc usque venies.*

Les Italiens ni les Espagnols ne feront jamais peut-être de bonnes tragédies ni de bonnes épigrammes, ni les Français de bons poëmes épiques ni de bons sonnets [1].

Nos anciens poëtes avaient voulu faire des vers sur les mesures d'Horace comme Horace en avait fait sur les mesures des Grecs : cela ne nous a pas réussi, et il a fallu inventer des mesures convenables aux mots dont notre langue est composée [2].

Depuis cent ans l'éloquence de nos orateurs pour la chaire et pour le barreau a changé de forme trois ou quatre fois. Combien de styles différents avons-nous admirés dans les prédicateurs avant que d'avoir éprouvé celui du P. Bourdaloue, qui a effacé tous les autres [3], et qui est peut-être arrivé à la perfection dont notre langue est capable dans ce genre d'éloquence !

Il serait inutile d'entrer dans un plus grand détail; il suffit de dire en un mot que les plus importants et les plus utiles préceptes que nous ont laissés les anciens, soit pour l'éloquence, ou pour la poésie, ne sont autre chose que les sages et judicieuses réflexions qu'ils avaient faites sur les ouvrages de leurs plus célèbres écrivains [4].

Voilà le travail que j'estime être le seul digne de l'Académie après que le Dictionnaire sera achevé, et je proposerai la manière de le conduire avec ordre et avec facilité, au cas qu'elle en fasse le même jugement que moi.

Je demande cependant qu'à l'exemple de l'ancienne Rome on me permette de sortir un peu de mon sujet, et de dire mon avis sur une chose qui n'a point été mise en

---

1. Cela est fort risqué. Les Français n'avaient pas réussi dans le poëme épique ; il n'y avait pas lieu de conclure que leur langue s'y refusait. — Les Espagnols, les concitoyens de Lope de Véga et de Calderon, ne consentiraient pas volontiers à voir refuser à leur langue et à leur nation le génie tragique. — « De bonnes tragédies ni de bonnes épigrammes. » Ce rapprochement est un peu singulier.

2. Cela est plus vrai. Notre langue n'est nullement prosodique, et ne saurait se prêter à une versification mesu-rée ; toute tentative sur ce point a dû échouer.

3. Et Bossuet, même comme sermon-naire ! Mais comme Bossuet est éminent en tant de genres, la gloire de Bourdaloue, par sa spécialité, a dû l'emporter. Du reste, on a vu dans les *Dialogues* que Fénelon était fort loin d'être passionné pour le talent de Bourdaloue.

4. Fénelon en revient toujours là, et avec raison : Une bonne rhétorique consiste surtout dans un ensemble de « judicieuses réflexions » sur les plus grands écrivains.

délibération, mais que je crois très-importante à l'Académie.

Je dis donc qu'avant toutes choses nous devons songer très-sérieusement à rétablir dans la compagnie une discipline exacte, qui y est très-nécessaire, et qui peut-être n'y a jamais été depuis son établissement.

Sans cela, nos plus beaux projets et nos plus fermes résolutions s'en iront en fumée, et n'auront point d'autre effet que de nous attirer les railleries du public.

Il n'y a point de compagnies, de toutes celles qui s'assemblent sous l'autorité publique dans le royaume, qui n'aient leurs lois et leurs statuts, et elles ne se maintiennent qu'en les observant.

Eschine disait à ses citoyens qu'il faut qu'une république périsse lorsque les lois n'y sont point observées, ou qu'elle a des lois qui se détruisent l'une l'autre ; et il serait aisé de montrer que l'Académie est dans ces deux cas [1].

Il faut donc remédier à ce désordre, qui entraînerait infailliblement la ruine de l'Académie ; mais pour le faire avec succès, et pour pouvoir même, en nous faisant des lois, conserver l'indépendance et la liberté que nous procure la glorieuse protection dont nous sommes honorés, je suis d'avis que l'Académie commence par députer au Roi pour demander à Sa Majesté la permission de se réformer elle-même, d'abroger ses anciens statuts, et d'en faire de nouveaux, selon qu'elle le jugera convenable [2].

Qu'elle demande aussi la permission de nommer pour ce travail des commissaires en tel nombre qu'elle trouvera à propos, et qu'elle supplie Sa Majesté de vouloir bien lui faire l'honneur de marquer elle-même un ou deux de ceux qu'elle aura le plus agréable qui soient nommés.

1. Ce dilemme est le sujet de l'exorde dans le discours d'Eschine contre Ctésiphon.

2. Fénelon, progressif en tout, souhaite que l'Académie révise ses statuts. Beaucoup de règlements nouveaux ont été introduits avec le temps dans l'administration de ce vaste corps ; ceux qui voudront connaître les premières institutions de l'Académie française et ses premiers développements liront l'*Histoire de l'Académie*, par Pellisson, le même dont il sera beaucoup parlé dans le discours qui va suivre.

DISCOURS

PRONONCÉ PAR FÉNELON

LE JOUR DE SA RÉCEPTION A L'ACADÉMIE FRANÇAISE

LE 31 MARS 1693 [1].

J'aurais besoin, Messieurs, de succéder à l'éloquence
de M. Pellisson, aussi bien qu'à sa place, pour vous re-
mercier de l'honneur que vous me faites aujourd'hui, et
pour réparer dans cette compagnie la perte d'un homme si
estimable [2].

Dès son enfance il apprit d'Homère, en le traduisant
presque en entier, à mettre dans les moindres peintures
et de la vie et de la grâce. Bientôt il fit sur la jurisprudence un ouvrage où l'on ne trouva d'autre défaut que
celui de n'être pas conduit jusqu'à sa fin [3]. Par de si beaux
essais, il se hâtait, Messieurs, d'arriver à ce qui passa pour
son chef-d'œuvre, je veux dire l'Histoire de l'Académie [4].
Il y montra son caractère, qui était la facilité, l'invention,
l'élégance, l'insinuation, la justesse, le tour ingénieux [5].
Il osait heureusement, pour parler comme Horace [6]; ses
mains faisaient naître les fleurs de tous côtés; tout ce

1. Nous remontons, pour l'époque à
laquelle ce discours fut prononcé, à plus
de vingt années ; Fénelon, alors archevêque de Cambrai, connu par son esprit, par sa haute position, surtout par
l'éducation qu'il avait faite du duc de
Bourgogne, n'avait encore publié que
deux ouvrages, deux traités : l'*Educa-
tion des filles* et le *Ministère des pas-
teurs* ; il était âgé de 43 ans, et succé-
dait à Pellisson, mort le 7 février 1693.

2. Ce début est simple ; l'expression
de modestie, qui est de rigueur en tout
exorde académique, est ici courte, franche et ingénieusement rapportée à celui
qu'il remplace, et dont l'éloge sera
l'objet de ce discours. — « Estimable »
n'aurait plus guère le sens relevé qu'il

avait alors ; on ne l'appliquerait pas à
un homme dont on loue le talent supérieur. On est estimable quand on est
digne d'estime par de bonnes qualités ;
on est mieux que cela quand on possède
de hautes vertus ou du génie.

3. Pellisson était né en 1624. — L'ouvrage qu'il écrivit sur la jurisprudence,
sous ce titre : *Paraphrase des institutions de l'empereur Justinien*, est
de 1645.

4. L'*Histoire de l'Académie*, de Pellisson, parut en 1653 (Fénelon venait
de naître). L'abbé d'Olivet l'a continuée
jusqu'à l'année 1700.

5. « Le tour ingénieux, » expression
choisie et restée fort moderne.

6. *Feliciter aude.* (HOR.).

qu'il touchait était embelli[1]. Des plus viles herbes des
champs, il savait faire des couronnes pour les héros, et la
règle si nécessaire aux autres de ne toucher jamais que ce
qu'on peut orner, ne semblait pas faite pour lui. Son style
noble et léger ressemblait à la démarche des divinités fabuleuses qui coulaient jusque dans les airs, sans poser le
pied sur la terre[2]. Il racontait (vous le savez mieux que
moi, Messieurs) avec un tel choix des circonstances, avec
une si agréable variété, avec un tour si propre et si nouveau jusque dans les choses les plus communes, avec tant
d'industrie[3] pour enchaîner les faits les uns aux autres,
avec tant d'art pour transporter le lecteur dans le temps
où les choses s'étaient passées, qu'on s'imagine y être, et
qu'on s'oublie[4] dans le doux tissu de ses narrations.

Tout le monde y a lu avec plaisir la naissance de l'Académie. Chacun pendant cette lecture croit être dans la
maison de M. Conrart, qui en fut comme le berceau ; chacun se plaît à remarquer la simplicité, l'ordre, la politesse,
l'élégance qui régnaient dans ses premières assemblées,
et qui attirèrent les regards d'un puissant ministre[5] ; ensuite les jalousies et les ombrages qui troublèrent ces beaux
commencements; enfin l'éclat qu'eut cette compagnie
pour les ouvrages des premiers académiciens. Vous y reconnaissez l'illustre Racan, héritier de l'harmonie de
Malherbe; Vaugelas, dont l'oreille fut si délicate pour la
pureté de la langue; Corneille, grand et hardi dans ses

---

1. Tout ce qu'il a touché se convertit en or. (BOIL.)

2. Il y a sans doute de l'exagération dans cet éloge ; cette belle image carac-tériserait très-bien l'auteur du Télé-maque lui-même, dont le style est d'une grâce incomparable et d'une immortelle fraîcheur. Du reste, c'est une image homérique (voir l'*Iliade*, l, XIV, v. 228) que Fénelon a reproduite : « Cette divinité ne touche pas du pied à terre ; elle coule légèrement dans l'air comme un oiseau le fend de ses ailes. » On se rappelle l'admirable vers de Vir-gile : *Mox aere lapsa quieto, radit iter liquidum.* C'est aussi l'image de Camille, qui court sur les épis sans les courber.

3. *Tanta industria,* avec tant d'ha-bileté.

4. « On s'oublie. » C'est une expres-sion très-ordinaire dans ce sens, et qui est fort belle; s'oublier, cesser de pen-ser à soi; heureux privilége de la dis-traction, qui entraîne et fait sortir de son moi, comme dit Pascal.

5. Le cardinal de Richelieu ayant eu connaissance que quelques gens de let-tres, vers 1620, avaient coutume de se réunir chez Conrart, auteur de quel-ques vers oubliés, dont Boileau loue « le silence prudent, » voulut donner une impulsion à cette réunion de beaux es-prits ; il l'organisa et en fit, vers 1635, l'Académie française.

caractères, où est marquée une main de maître ; Voiture, toujours accompagné des grâces les plus riantes et les plus légères [1]. On y trouve le mérite et la vertu joints à l'érudition et à la délicatesse, la naissance et les dignités avec le goût exquis des lettres. Mais je m'engage insensiblement au delà de mes bornes : en parlant des morts je m'approche trop des vivants, dont je blesserais la modestie par mes louanges.

Pendant cet heureux renouvellement des lettres, M. Pellisson présente un beau spectacle à la postérité. Armand, cardinal de Richelieu, changeait alors la face de l'Europe, et recueillant les débris de nos guerres civiles, posait les vrais fondements d'une puissance supérieure à toutes les autres. Pénétrant dans le secret de nos ennemis, et impénétrable pour celui de son maître, il remuait de son cabinet les plus profonds ressorts dans les Cours étrangères, pour tenir nos voisins toujours divisés. Constant dans ses maximes et inviolable dans ses promesses, il faisait sentir ce que peuvent la réputation du gouvernement et la confiance des alliés. Né pour connaître les hommes, et pour les employer selon leurs talents, il les attachait par le cœur à sa personne et à ses desseins pour l'État. Par ses puissants moyens, il portait chaque jour des coups mortels à l'impérieuse maison d'Autriche, qui menaçait de son joug tous les pays chrétiens. En même temps il faisait au dedans du royaume la plus nécessaire de toutes les conquêtes, domptant l'hérésie tant de fois rebelle. Enfin (ce qu'il trouva le plus difficile), il calmait une Cour orageuse, où les Grands, inquiets et jaloux, étaient en pos-

---

1. Racan, auteur de *Bergeries,* qui eurent une grande vogue, et parmi lesquelles la *Retraite* est restée comme une des plus belles inspirations de la poésie en notre langue.

Tircis, il faut songer à faire la retraite.
La course de nos jours est plus qu'à moi-
[tié faite, etc.

—Vaugelas, célèbre grammairien mort en 1650. C'était l'oracle de la langue. Philaminte, dans les *Femmes savantes,* ne pardonne pas à sa servante d'employer des mots

Qu'en termes décisifs condamne Vaugelas.

Ces travaux relatifs à notre grammaire avaient beaucoup d'importance ; ils ont été dépassés et oubliés depuis. — Corneille était mort en 1684, âgé de 78 ans. — L'éloge de Fénelon est assez faible : « Une main de maître » est assez banal ; et Corneille, entre Vaugelas et Voiture, ne figure pas comme il le devrait. — Voiture, auteur épistolaire, très-spirituel mais fort affecté, faisant abus du style plaisant, voulant toujours amuser et n'amusant pas toujours, surtout en ce moment, qu'il a fort vieilli.

session de l'indépendance. Aussi le temps, qui efface les autres noms, fait croître le sien ; et à mesure qu'il s'éloigne de nous, il est mieux dans son point de vue [1]. Mais parmi ses pénibles veilles il sut se faire un doux loisir, pour se délaisser par le charme de l'Éloquence et de la Poésie. Il reçut dans son sein l'Académie naissante ; un magistrat éclairé et amateur des lettres en prit après lui la protection ; Louis y a ajouté l'éclat qu'il répand sur tout ce qu'il favorise de ses regards : à l'ombre de son grand nom, on ne cesse point ici de rechercher la pureté et la délicatesse de notre langue [2].

Depuis que des hommes savants et judicieux ont remonté aux véritables règles, on n'abuse plus, comme on le faisait autrefois, de l'esprit et de la parole. On a pris un genre d'écrire plus simple, plus naturel, plus court, plus nerveux, plus précis. On ne s'attache plus aux paroles que pour exprimer toute la force des pensées ; et on n'admet que les pensées vraies, solides, concluantes pour le sujet où l'on se renferme. L'érudition, autrefois si fastueuse, ne se montre plus que pour le besoin ; l'esprit même se cache, parce que toute la perfection de l'art consiste à imiter si naïvement la simple nature, qu'on le prenne pour elle [3]. Ainsi on ne donne plus le nom d'esprit à une imagination éblouissante ; on le réserve pour un génie réglé et correct qui tourne tout en sentiment, qui suit pas à pas la nature toujours simple et gracieuse, qui ramène toutes les pensées

---

1. Voici l'éloge du cardinal de Richelieu, imposé à tous les académiciens au jour de leur réception, usage qui a persisté jusqu'à la révolution, ce qui ne laissait pas que de constituer un droit ou une obligation de redites aussi peu attrayant pour l'orateur que pour ses auditeurs. D'ailleurs, il y a bien · des choses à dire sur Richelieu ; tout n'est pas à louer dans ce ministre inflexible, de peu de cœur et si violemment ambitieux. Le portrait tracé par Fénelon a des traits d'une justesse parfaite : « Pénétrant dans le secret de nos ennemis, et impénétrable à celui de son maître. » — « Il remuait de son cabinet les ressorts. »

2. Le chancelier Séguier fut, après Richelieu, le protecteur de l'Académie ;

mais, après la mort de ce magistrat, en 1672, Louis XIV se déclara lui-même le protecteur de cette compagnie ; ce fut alors que ce corps illustre reçut de la munificence du monarque son logement au Louvre, ses fauteuils, sa bibliothèque, et, ce qui n'a jamais été dédaigné ou sans influence sur l'assiduité des membres d'une académie, petite ou grande, les jetons de présence.

3. Cet axiome n'est pas très-exact. En bonne esthétique, l'art ne saurait être pris pour la nature ; il ne saurait en être une copie, mais seulement une imitation : *Non res, sed similitudines rerum*, dit Cicéron. L'art imite la nature, mais en relevant son imitation par l'idéal.

aux principes de la raison, et qui ne trouve beau que ce qui
est véritable. On a senti même en nos jours que le style
fleuri, quelque doux et quelque agréable qu'il soit, ne peut
jamais s'élever au-dessus du genre médiocre, et que le vrai
sublime, dédaignant tous les ornements empruntés, ne se
trouve que dans le simple[1].

On a enfin compris, Messieurs, qu'il faut écrire comme
les Raphaël, les Carrache et les Poussin ont peint, non
pour chercher de merveilleux caprices et pour faire admirer leur imagination, en se jouant du pinceau, mais pour
peindre d'après nature[2]. On a reconnu aussi que les beautés
du Discours ressemblent à celles de l'Architecture. Les
ouvrages les plus hardis et les plus façonnés du gothique
ne sont pas les meilleurs. Il ne faut pas admettre dans un
édifice aucune partie destinée au seul ornement; mais vi-
sant toujours aux belles proportions, on doit tourner en
ornement toutes les parties nécessaires à soutenir un
édifice[3].

Ainsi on retranche d'un discours tous les ornements
affectés qui ne servent ni à démêler ce qui est obscur, ni à
peindre vivement ce qu'on veut mettre devant les yeux,
ni à prouver une vérité par divers tours sensibles, ni à
remuer les passions, qui sont les seuls ressorts capables
d'intéresser et de persuader l'auditeur : car la passion est
l'âme de la parole[4]. Tel a été, Messieurs, depuis environ
soixante ans, le progrès des lettres que M. Pellisson aurait

1. Cela semble déranger l'antique distinction des trois styles : simple, tempéré et sublime ; mais il ne faut pas confondre le style sublime, qui consiste dans l'emploi des images les plus relevées, des expressions les plus grandes, avec le sublime proprement dit, qui n'est qu'un trait d'autant plus vif, plus énergique, que l'expression s'efface davantage, et laisse une place plus entière à la pensée pure. Ex. : *Sit lux et lux fuit.*

2. Fénelon, qui s'est toujours préoccupé de la peinture dans ses rapports avec la poésie, cite ces trois noms comme représentant trois époques, trois écoles aussi : Raphaël, chef de l'école romaine, le maître des maîtres, non pas l'Homère pourtant, mais le Virgile de la peinture ; Carrache, chef de l'école bolonaise, qui rappela le bon goût et les *bonnes traditions* en Italie, après l'épuisement de l'école romaine ; Poussin, le plus grand des peintres français, dont le génie pur, élevé, poétique, mais contenu, était en parfait rapport avec l'esprit des illustres poëtes de son siècle et de son pays. — Ces grands artistes ont peint, « d'après nature ; » oui, mais en consultant l'idéal ; ce que Fénelon sans doute sous-entend, mais sans l'expliquer assez.

3. Cet aperçu sur l'architecture est faible. Le mot sur « le gothique » est triste ; le xviie siècle n'y a jamais rien compris. (Voir *passim*, dans la *Lettre* et dans les *Dialogues*.)

4. « La passion est l'âme de la parole. »

dépeint pour la gloire de notre siècle, s'il eût été libre de continuer son Histoire de l'Académie[1].

Un ministre, attentif à attirer à lui tout ce qui brillait, l'enleva aux lettres et le jeta dans les affaires[2]. Alors quelle droiture, quelle probité, quelle reconnaissance constante pour son bienfaiteur! Dans un emploi de confiance, il ne songea qu'à faire du bien, qu'à découvrir le mérite et à le mettre en œuvre. Pour montrer toute sa vertu, il ne lui manquait que d'être malheureux. Il le fut, Messieurs : dans sa prison éclatèrent son innocence et son courage; la Bastille devint une douce solitude, où il faisait fleurir les lettres[3].

Heureuse captivité, liens salutaires, qui réduisirent enfin sous le joug de la foi cet esprit trop indépendant! Il chercha, pendant ce loisir, dans les sources de la tradition de quoi combattre la Vérité; mais la Vérité le vainquit, et se montra à lui avec tous ses charmes. Il sortit de sa prison honoré de l'estime et des bontés du roi; mais ce qui est bien plus grand, il en sortit étant déjà dans son cœur humble enfant de l'Église. La sincérité et le désintéressement de sa conversion lui en firent retarder la cérémonie, de peur qu'elle ne fût récompensée par une place que ses talents pouvaient lui attirer, et qu'un autre moins vertueux que lui auraient recherchée[4].

Depuis ce moment il ne cessa de parler, d'écrire, d'agir,

C'est un axiome assez risqué. Il y aurait peut-être plus de vérité à dire : la parole est l'âme, c'est-à-dire l'expression de la pensée.

1. Ici l'auteur aborde les considérations qu'il a développées dans ses *Dialogues* ; il fait la guerre «aux ornements affectés et inutiles qui n'atteignent pas le but de l'éloquence. Il ne reste qu'un instant sur ce terrain, se hâte de revenir à l'éloge de son prédécesseur. Plus tard, un récipiendaire aurait fait de cet objet qu'effleure Fénelon l'objet de son discours. Ainsi, Buffon a écrit son discours sur le style, un chef-d'œuvre. Longtemps les discours de réception durent se borner à l'éloge de trois personnes, deux morts et un vivant : le prédécesseur, le cardinal de Richelieu et le roi.

2. Il s'agit ici du surintendant Fou-

quet, si fameux par sa grandeur, puis par sa disgrâce, sa chute et sa captivité (1661). Fénelon en parle avec prudence ; l'éloge qu'il lui donne, c'est d'avoir su attirer à lui «tout ce qui brillait ; » ici il est question du mérite que Fouquet sut reconnaître en appelant près de lui Pellisson.

3. Enfermé à la Bastille après la disgrâce de son bienfaiteur, Pellisson se montra fidèle à la reconnaissance, il rédigea pour la cause du surintendant des mémoires remarquables par la discussion et même par l'éloquence. On sait que la Fontaine, seul des poëtes, se montra dévoué à l'homme puissant après sa chute.

4. Converti au catholicisme, Pellisson, qui pouvait être nommé précepteur du Dauphin, retarda son abjuration dans la crainte d'être soupçonné de quelque

de répandre les grâces du Prince pour ramener ses frères
errants. Heureux fruit des plus funestes erreurs ! Il faut
avoir senti par sa propre expérience tout ce qu'il en coûte
dans ce passage des ténèbres à la lumière, pour avoir la
vivacité, la patience, la tendresse, la délicatesse de cha-
rité qui éclatent dans ses écrits de controverse [1].

Nous l'avons vu, malgré sa défaillance, se traîner encore
aux pieds des autels, jusqu'à la veille de sa mort, pour
célébrer, disait-il, sa fête, et l'anniversaire de sa conversion. Hélas! nous l'avons vu, séduit par son zèle et par son
courage, nous promettre d'une voix mourante qu'il achè-
verait son grand œuvre sur l'Eucharistie. Oui, je l'ai vu les
larmes aux yeux, je l'ai entendu : il m'a dit tout ce qu'un
catholique, nourri depuis tant d'années des paroles de la
foi, peut dire pour se préparer à recevoir les sacrements
avec ferveur. La mort, il est vrai, le surprit, venant sous
l'apparence du sommeil; mais elle le trouva dans la préparation des vrais fidèles.

Au reste, Messieurs, ses travaux pour la magistrature
et pour les affaires de religion que le roi lui avait confiées,
ne l'empêchaient pas de s'appliquer aux belles-lettres, pour
lesquelles il était né. Sa plume fut d'abord choisie pour écrire
le règne présent. Avec quelle joie verrons-nous, Messieurs,
dans cette Histoire, un prince qui, dès sa plus tendre jeunesse, achève par sa fermeté ce que le grand Henri son
aïeul osa à peine commencer [2]. Louis étouffe la rage du
Duel, altéré du plus noble sang des Français [3]. Il relève son

motif intéressé. Il abjura quand Bossuet eut été nommé à cette charge, après la mort du président de Périgny.

1. Ils ont été publiés sous le titre général de *Réflexions sur les diffé-rends de la religion*, en quatre parties, dont la quatrième a pour titre : *De la tolérance des religions* (1686-1692). Le *Traité de l'Eucharistie* fut publié en 1694, mais inachevé.

2. Il avait été nommé historiographe du roi, avec une pension de deux mille écus ; il n'a laissé de son histoire, qui allait jusqu'en 1678, que des fragments qui n'ont pas vu le jour. On a publié, en 1729, un recueil de lettres de cet auteur, adressées à Mlle de Scudéry (8 vol. in-12), dans lesquelles se trouvent beaucoup de détails historiques, empruntés sans doute par l'auteur à ses travaux d'historiographe. — Racine et Boileau furent nommés à cet emploi à la place de Pellisson, en 1677. L'orateur est amené, par une transition naturelle, de l'historiographe à l'histoire, à l'éloge du roi.

3. Cette personnification du Duel n'est pas littérairement fort heureuse. Ce qui suit est d'un beau style et résume très-bien les grandes choses accomplies sous Louis XIV ou sous son influence.

autorité abattue, règle ses finances, discipline ses troupes.
Tandis que d'une main il fait tomber à ses pieds les murs
de tant de villes fortes aux yeux de tous ses ennemis con-
sternés, de l'autre il fait fleurir par ses bienfaits les sciences et les beaux-arts dans le sein tranquille de la France.

Mais que vois-je, Messieurs? une nouvelle conjuration
de cent peuples qui frémissent autour de nous, pour as-
siéger, disent-ils, ce grand royaume comme une seule
place. C'est l'Hérésie, presque déracinée par le zèle de
Louis, qui se ranime et qui rassemble tant de puissances.
Un prince ambitieux ose, dans son usurpation, prendre le
nom de libérateur : il réunit les Protestants, et il divise les
Catholiques [1].

Louis seul pendant cinq années remporte des victoires
et fait des conquêtes de tous côtés sur cette Ligue, qui se
vantait de l'accabler sans peine et de ravager nos provinces.
Louis seul soutient, avec toutes les marques les plus naturelles d'un cœur noble et tendre, la majesté de tous les rois
en la personne d'un roi indignement renversé du trône [2].
Qui racontera ces merveilles, Messieurs?

Mais qui osera dépeindre Louis dans cette dernière campagne, encore plus grand par sa patience que par sa conquête? Il choisit la plus inaccessible place des Pays-Bas :
il trouve un rocher escarpé, deux profondes rivières qui
l'environnent, plusieurs places fortifiées dans une seule ;
au dedans une armée entière pour garnison, au dehors la
face de la terre couverte de troupes innombrables d'Allemands, d'Anglais, de Hollandais, d'Espagnols, sous un chef
accoutumé à risquer tout dans les batailles. La saison se
dérègle, on voit une espèce de déluge au milieu de l'été :
toute la nature semble s'opposer à Louis [3]. En même temps
il apprend qu'une partie de sa flotte, invincible par son
courage, mais accablée par le nombre des ennemis, a été

1. Il veut parler de la ligue d'Augs-
bourg, qui eut lieu en 1607. — Ce prince
ambitieux est Guillaume d'Orange, devenu roi en 1688. — « L'hérésie déracinée par le zèle de Louis.» Il s'agit
de la révocation de l'édit de Nantes, en
1685, acte fameux, qui a été depuis bien
diversement jugé.

2. Jacques II, roi d'Angleterre.

3. C'était assez l'usage, dans le style
de l'amplification élogieuse, de répéter
ce nom, si auguste alors, Louis.

brûlée, et il supporte l'adversité comme si elle lui était
ordinaire. Il paraît doux et tranquille dans les difficultés,
plein de ressource dans les accidents imprévus ; humain
envers les assiégés, jusqu'à prolonger un siége si périlleux
pour épargner une ville qui lui résiste et qu'il peut fou-
droyer. Ce n'est ni en la multitude de ses soldats aguerris,
ni en la noble ardeur de ses officiers, ni en son propre
courage, ressource de toute l'armée, ni en ses victoires
passées, qu'il met sa confiance : il la place encore plus haut
dans un asile inaccessible, qui est le sein de Dieu même.
Il revient enfin victorieux, les yeux baissés sous la puissante main du Très-Haut, qui donne et qui ôte la victoire
comme il lui plaît ; et ce qui est plus beau que tous les
triomphes, il défend qu'on le loue [1].

Dans cette grandeur simple et modeste, qui est au-dessus
non-seulement des louanges, mais encore des événements,
puisse-t-il, Messieurs, puisse-t-il ne se confier jamais qu'en
la vertu, n'écouter que la vérité, ne vouloir que la justice,
être connu de ses ennemis (ce souhait comprend tout pour
la félicité de l'Europe); devenir l'arbitre des nations [2] après
avoir guéri leur jalousie, faire sentir toute sa bonté à son
peuple dans une paix profonde, être longtemps les délices
du genre humain [3], et ne régner sur les hommes que pour
faire régner Dieu au-dessus de lui [4] !

1. Cette campagne, que Fénelon raconte d'un beau style, était la dernière
alors, celle de 1692 ; cette place inaccessible, c'était Namur ; ce siége, celui
que Boileau a célébré dans une ode pindarique peu digne du poëte de Thèbes ;
ce chef aventureux qui défendait Namur, le roi Guillaume. — La flotte
brûlée indique le désastre éprouvé par
les Français à la Hogue. — « Comme
si elle lui était ordinaire. » Ce trait est
noble et bien trouvé. L'orateur montre
la grandeur calme du roi au milieu
d'un revers, et il fait heureusement
ressortir les qualités morales et clé-
mentes dans l'ardeur même de la bataille. Tout cela est très-bien, mais comparez le passage avec quelques traits de
l'éloge de Condé ! Bossuet aussi, lui, a
rappelé plus d'une fois le tableau d'un
grand vainqueur soumettant l'orgueil

de sa victoire au dieu des armées. Qui
peut être comparé à Bossuet pour l'é-
nergie de la touche et la grande parole ?

2. « Arbitre des nations. » Expression
souvent répétée depuis ; c'est le plus
haut degré auquel puisse s'élever l'ambition d'un souverain, d'un conquérant.
Ce mot, du reste, n'emporte pas une
idée de conquête, mais bien de paisible
gouvernement par l'autorité de la force
et aussi du droit et de la raison.

3. Ce titre célèbre donné à l'empereur Titus, dont on a assez abusé,
convenait peu à Louis XIV, qui put bien
être un grand roi, mais non pas « les
délices du genre humain. »

4. Cette image est forte et grande ;
une noble antithèse : la puissance du
roi agrandie par sa soumission à celle de
Dieu.

Voilà, Messieurs, ce que M. Pellisson aurait éternisé dans son Histoire. L'Académie a fourni d'autres hommes dont la voix est assez forte pour le faire entendre aux siècles les plus reculés [1]; mais une matière si vaste vous invite tous à écrire. Travaillez donc tous à l'envi, Messieurs, pour célébrer un si beau règne. Je ne saurais mieux témoigner mon zèle à cette compagnie que par un souhait si digne d'elle [2].

[1]. Racine et Boileau, malgré leur génie, « n'ont pas fait entendre une grande voix pour les siècles les plus reculés. » Il est resté trop peu de chose de leur travail. (Voir dans les œuvres diverses de Racine).

[2]. Si tous les membres de la compagnie s'étaient mis à écrire l'éloge du roi, c'eût été un triste présent pour sa mémoire. Sans doute Fénelon les engage « à célébrer un si beau règne, » non par des éloges, mais par la diversité et la grandeur de leurs travaux. Pourtant, le sens de la phrase est formel : « Une matière si vaste nous invite tous à écrire. » — Bossuet, dans son discours de réception prononcé devant l'Académie, le 8 juin 1671, vingt-deux années avant Fénelon, fait aussi l'éloge du roi ; on verra avec plaisir le détail stratégique qui suit : « Un grand objet se présente pour soutenir la grandeur des pensées et la majesté du style ; le voilà, messieurs, ce digne sujet de vos discours et de vos chants héroïques. Le voyez-vous, ce grand roi, dans ses nouvelles conquêtes, disputant aux Romains la gloire des grands travaux, comme il leur a toujours disputé celle des grandes actions ; il faut que tout cède à sa fermeté, à sa vigueur invincible. Des hauteurs orgueilleuses menaçaient ses places ; elles s'abaissent en un moment à ses pieds, et sont prêtes à subir le joug qu'il impose ; on élève des montagnes dans les remparts, on creuse des abimes dans les fossés ; la terre ne se reconnait plus elle-même et change tous les jours de forme sous les mains de ses soldats, qui trouvent dans les yeux du roi de nouvelles forces, et qui, en faisant de nouvelles forteresses, s'animent à les défendre. De quelque côté qu'il se tourne ses ennemis redoutent ses moindres démarches ; ils sentent sa force et son ascendant, et leur fierté affectée couvre mal leur crainte et leur désespoir. »

LETTRES

DE FÉNELON ET DE LAMOTTE

SUR

HOMÈRE ET SUR LES ANCIENS.

I. — DE LAMOTTE [1].

Monseigneur,

Je viens de voir entre les mains de M. l'abbé Dubois [2] un extrait d'une de vos lettres où vous daignez vous souvenir de moi : elle m'a donné une joie excessive ; et je vous avoue franchement qu'elle a été jusqu'à l'orgueil. Le moyen de s'en défendre, quand on reçoit quelque louange d'un homme aussi louable et autant loué que vous l'êtes [3] ? Je n'en suis revenu, Monseigneur, qu'en me disant à moi-même que vous aviez voulu me donner des leçons sous l'apparence d'éloges, et qu'il n'y avait là que de quoi m'encourager [4]. C'en est encore trop de votre part, Monseigneur, et je vous en remercie avec autant de reconnaissance que d'envie d'en profiter. Je me proposerai toujours votre suffrage dans ma conduite et dans mes écrits, comme la plus précieuse récompense où je puisse aspirer. J'ai grand re-

1. Ant. Houdard de Lamotte, un des plus beaux esprits de cette époque, passa sa vie à attaquer les anciens et la poésie, et en même temps à composer dix volumes de prose et de vers dans tous les genres, épique, dramatique et lyrique. Il était aveugle et perclus de ses membres. Son influence fut grande à l'Académie et sur les lettres ; il la méritait par un vrai talent d'écrire en prose et par la discussion persistante, mais polie, qui était le caractère de sa polémique.

2. Le même qui devint cardinal et ministre du régent, personnage très-habile, mais qui, si l'on en croit la renommée qu'il a laissée, et un portrait tracé par Saint-Simon, avait plus de ressources dans l'esprit, plus d'habileté, plus de talents que de vertus.

3. Voilà déjà le style précieux ; ces lettres de Lamotte fourniront un objet de comparaison fort utile : d'un côté l'esprit, l'agrément, la politesse, le style facile, mais l'absence de génie, de mouvement, d'inspiration ; d'un autre côté, dans l'archevêque de Cambrai, toutes ces qualités réunies au degré le plus éminent.

4. « Qu'il n'y avait là que de quoi... » Fénelon a dans son style des négligences aimables, comme ne sont pas celles de son correspondant.

gret à la lettre que vous m'avez fait l'honneur de m'écrire
et que je n'ai pas reçue; je ne puis cependant m'en tenir
malheureux, puisque cet accident m'a attiré de votre part
une nouvelle attention dont je connais tout le prix. De
grâce, Monseigneur, continuez-moi des bontés qui me sont
devenues nécessaires depuis que je les éprouve.

Je suis, Monseigneur, avec le plus profond respect et le
plus parfait dévouement,

Votre très-humble, etc.,   LAMOTTE.

A Paris, ce 18 août 1713.

—

II. — DE FÉNELON.

Les paroles qu'on vous a lues [1], Monsieur, ne sont point
des compliments; c'est mon cœur qui a parlé. Il s'ouvrirait
encore davantage avec un grand plaisir si j'étais à portée
de vous entretenir librement. Vous pouvez faire de plus en
plus honneur à la poésie française par vos ouvrages; mais
cette poésie, si je ne me trompe, aurait encore besoin de
certaines choses, faute desquelles elle est un peu gênée,
et elle n'a pas toute l'harmonie des vers grecs et latins. Je
n'oserais décider là-dessus; mais je m'imagine que si je
vous proposais mes doutes dans une conversation, vous
développeriez ce que je ne pourrais démêler qu'à demi. On
m'a dit que vous allez donner au public une traduction
d'Homère en vers français. Je serai charmé de voir un si
grand poëte parler notre langue. Je ne doute point ni de la
fidélité de la version, ni de la magnificence des vers. Notre
siècle vous aura obligation de lui faire connaître la simplicité des mœurs antiques et la naïveté avec laquelle sont
exprimées les passions dans cette espèce de tableau. Cette
entreprise est digne de vous : mais comme vous êtes capable d'atteindre à ce qui est original, j'aurais souhaité
que vous eussiez fait un poëme nouveau, où vous auriez
mêlé de grandes leçons avec de fortes peintures. J'aime-

---

1. Lamotte était aveugle et ne pouvait correspondre que par l'intermédiaire
d'un secrétaire ou d'un lecteur.

rais mieux vous voir un nouvel Homère que la postérité traduirait, que de vous voir le traducteur d'Homère même [1]. Vous voyez que je pense hautement pour vous, c'est ce qui vous convient. Jugez par là, s'il vous plaît, de la grande estime, du goût et de l'inclination très-forte avec laquelle je veux être parfaitement tout à vous, Monsieur, pour toute ma vie,

FR. AR. DUC DE CAMBRAI.

A Cambrai, ce 9 septembre 1713.

—

III. — DE LAMOTTE.

Monseigneur,

C'en est fait, je compte sur votre bienveillance, et je l'ai sentie parfaitement dans la lettre que vous m'avez fait l'honneur de m'écrire. Ainsi, Monseigneur, vous essuierez, s'il vous plaît, toute ma sincérité [2]. Je ferais scrupule de vous déguiser le moins du monde mes sentiments. On vous a dit que j'allais donner une traduction de l'*Iliade* en vers français, et vous vous attendiez, ce me semble, à beaucoup de fidélité : mais, je vous l'avoue ingénuement, je n'ai pas cru qu'une traduction fidèle de l'*Iliade* pût être agréable en français. J'ai trouvé partout, du moins par rapport à notre temps, de grands défauts joints à de grandes beautés ; ainsi je m'en suis tenu à une imitation très-libre, et j'ai osé même quelquefois être tout à fait original. Je ne crois pas cependant avoir altéré le sens du poëme ; et quoique je l'aie fort abrégé, j'ai prétendu rendre toute l'action, tous

1. Toute cette lettre est légèrement ironique. Fénelon ne sera pas du tout « charmé » de recevoir l'œuvre de M. de Lamotte, et il sait bien que ce n'est pas Homère qui « parlera en français » dans l'œuvre de cet écrivain. — « Magnificence des vers. » Grand écrivain, votre éloge est plus qu'une épigramme. Est-ce sincèrement qu'il le loue par avance, comme devant faire connaître « la simplicité des mœurs antiques et la peinture naïve des passions ? » Il est vrai que la vraie pensée de Fénelon est un peu plus bas : « Franchement, lui dit-il en somme, vous auriez dû faire un poëme nouveau et laisser Homère. » Il est impossible de dire une vérité plus sévère en ayant l'air de faire des compliments. Il loue le poëte précisément des qualités dont il n'a que les défauts.

2. « Vous essuierez ma sincérité. » Expression recherchée, et qui n'a pas été acceptée par l'usage. — La différence des deux styles est grande.

les sentiments, tous les caractères. Sans vouloir vous pré-
venir, Monseigneur, il y a un préjugé assez favorable pour
moi : c'est qu'aux assemblées publiques de l'Académie
française j'en ai déjà récité cinq ou six livres, dont quelques-uns de ceux qui connaissaient le mieux le poëme original m'ont félicité d'un air bien sincère [1] : ils m'ont loué
même de fidélité dans mes imitations les plus hardies, soit
que n'ayant pas présent le détail de l'*Iliade* ils crussent le
retrouver dans mes vers ; soit qu'ils comptassent pour
fidélité les licences mêmes que j'ai prises, pour tâcher de
rendre ce poëme aussi agréable en français qu'il peut l'être
en grec [2]. Je ne m'étends pas davantage, Monseigneur,
parce qu'on imprime actuellement l'ouvrage. Vous jugerez
bientôt de la conduite que j'y ai tenue, et de mes raisons
bonnes ou mauvaises, dont je rends compte dans une assez
longue préface. Condamnez, approuvez, Monseigneur : tout
m'est égal, puisque je suis sûr de la bienveillance. Permet-
tez-moi de vous demander vos vues sur la poésie française ;
j'y sens bien quelques défauts, et surtout dans nos vers
alexandrins, une monotonie un peu fatigante : mais je n'en
entrevois pas les remèdes [3], et je vous serai très-obligé si
vous daignez me communiquer là-dessus quelques-unes de
vos lumières.

Je suis, avec le plus profond respect,

Monseigneur,

Votre très-humble, etc.   LAMOTTE.

A Paris, ce 14 décembre 1713.

---

1. Lamotte, fort spirituel, a dû sentir
la portée des éloges de Fénelon dans la
lettre précédente ; il lui semblait, disait-
il, que l'illustre archevêque avait voulu
« lui donner des leçons sous l'apparence
d'éloges ; » il le comprenait bien, mais
l'amour-propre l'aveuglait un peu. —
Ici il explique le plan qu'il s'est proposé. Son Homère sera une imitation
très-libre, abrégée, et conforme à l'esprit de son temps ; car Homère a de
grands défauts par rapport au goût du
siècle de Lamotte. Il est vrai que Messieurs de l'Académie ont écouté ses lec-
tures et l'ont félicité « d'un air très-sin-
cère. » S'il lui eût été permis de voir,
il aurait pu surprendre, sur les visages,
des raisons de douter de cette sincérité.

2. Vraie manie de rendre agréables
les poëtes antiques en leur donnant un
tour français ! C'était celle aussi des plus
ardents admirateurs de l'antiquité, témoin les prétentieuses traductions de
M. et de Mᵐᵉ Dacier.

3. Ses vers sont monotones ; c'est un
défaut « sans remède, » qu'il croit in-
hérent à notre poésie, et qu'il a garde
de s'attribuer à lui-même.

IV. — DE FÉNELON.

Je reçois, Monsieur, dans ce moment, votre *Iliade*. Avant
que de l'ouvrir, j'y vois quel est votre cœur pour moi [1],
et le mien en est fort touché. Mais il me tarde d'y voir
aussi une poésie qui fasse honneur à notre nation et à
notre langue. J'attends de la préface une critique au-dessus de tout préjugé ; et du poëme, l'accord du parti des
modernes avec celui des anciens. J'espère que vous ferez
admirer Homère par tout le parti des modernes, et que
celui des anciens le trouvera avec tous ses charmes dans
votre ouvrage. Je dirai avec joie : *Proxima Phœbi versibus
ille facit.*

Je suis, avec l'estime la plus parfaite, Monsieur, votre
très-humble et très-obéissant serviteur,

Fr. Ar. duc de Cambrai.

A Cambrai, ce 16 janvier 1714.

V. — DE FÉNELON.

Je viens de vous lire, Monsieur, avec un vrai plaisir.
L'inclination très-forte dont je suis prévenu pour l'auteur
de la nouvelle *Iliade* m'a mis en défiance contre moi-
même [2]. J'ai craint d'être partial en votre faveur, et je me
suis livré à une critique scrupuleuse contre vous : mais
j'ai été contraint de vous reconnaître tout entier dans un
genre de poésie presque nouveau à votre égard. Je ne puis
néanmoins vous dissimuler ce que j'ai senti. Ma remarque
tombe sur notre versification, et nullement sur votre personne. C'est que les vers de nos odes, où les rimes sont
entrelacées, ont une variété, une grâce et une harmonie
que nos vers héroïques ne peuvent égaler. Ceux-ci fatiguent
l'oreille par leur uniformité. Le latin a une infinité d'in-

---

1. « Quel est votre cœur pour moi, »
est un mot charmant. — Fénelon se
dispose à lire l'*Iliade* de Lamotte ; il
ne peut encore que parler de ses espé-
rances ; à la lettre suivante, il aura lu.

2. Il aime l'auteur plus que son
œuvre ; il n'a pas reconnu Homère dans
cette œuvre, « mais Lamotte tout entier. » Voilà un compliment autant ma-
licieux que naïf.

versions et de cadences. Au contraire, le français n'admet presque aucune inversion de phrase ; il procède toujours méthodiquement par un nominatif, par un verbe et par son régime. La rime gêne plus qu'elle n'orne les vers. Elle les charge d'épithètes ; elle rend souvent la diction forcée, et pleine d'une vaine parure. En allongeant les discours, elle les affaiblit. Souvent on a recours à un vers inutile pour en amener un bon. Il faut avouer que la sévérité de nos règles a rendu notre versification presque impossible. Les grands vers sont presque toujours ou languissants ou raboteux. J'avoue ma mauvaise délicatesse ; ce que je fais ici est plutôt ma confession que la censure des vers français [1]. Je dois me condamner quand je critique ce qu'il y a de meilleur.

La poésie lyrique est, ce me semble, celle qui a le plus de grâce dans notre langue. Vous devez approuver qu'on la vante, car elle vous fait grand honneur [2].

> Totum muneris hoc tui est
> Quod monstror digito prætereuntium,
>   Romanæ fidicen lyræ ;
> Quod spiro, et placeo (si placeo) tuum est [3].

Mais passons de la versification française à votre nouveau poëme. On vous reproche d'avoir trop d'esprit. On dit qu'Homère en montrait beaucoup moins. On vous accuse de briller sans cesse par des traits vifs et ingénieux. Voilà un défaut qu'un grand nombre d'auteurs vous en-

---

1. Fénelon fait ressortir fort justement les difficultés de la versification française, et son infériorité vis-à-vis de celle des anciens. Mais tout cela est une critique à fond contre l'œuvre de ce poëte sans poésie, chargée d'épithètes, de chevilles, de fausses rimes, de vers inutiles. « Les grands vers sont presque toujours languissants ou raboteux. » Fénelon a l'air de parler en général ; mais il ne saurait vouloir déprécier les grands poëtes de son siècle ; dans sa pensée, il dit : les vôtres, vos vers.

2. « Les vers lyriques de Lamotte, comme il le disait, sont durs, mais forts de choses ; ils sont prétentieux, sans poésie et sans vol. Croyez-vous donc poëte, et ajoutez foi aux éloges des maîtres ! Saint-Simon, parlant de Fénelon, a dit ce mot : « Jamais homme n'a eu plus que lui la passion de plaire, et au valet autant qu'au maître. » Ce dernier trait est de trop assurément, mais le premier est juste, tous les grands poëtes n'ont cessé de mentir dans leurs correspondances, soit en faveur de leurs amis, soit pour satisfaire à quelque vanité peu fondée et s'adressant à eux ; soit enfin, comme ici, quand l'éloge s'adresse à un homme d'esprit, de valeur, bien posé, et qui n'est point ingrat.

3. Hor., l. iv, ode 11. Pour dire à M. de Lamotte que Melpomène le désigne comme son favori. Mais quel charme dans ce vers, dans ce trait : *Quod spiro et placeo !*

vient; ne l'a pas qui veut[1]. Votre parti conclut de cette accusation que vous avez surpassé le poëte grec.

> Nescio quid majus nascitur Iliade.

On dit que vous avez corrigé les endroits où il sommeille. Pour moi, qui entends de loin les cris des combattants, je me borne à dire :

> Non nostrum inter vos tantas componere lites :
> Et vitula tu dignus, et hic[2].

Cette guerre civile du Parnasse ne m'alarme point. L'émulation peut produire d'heureux efforts, pourvu qu'on n'aille point jusqu'à mépriser le goût des anciens sur l'imitation de la simple nature, sur l'observation inviolable des divers caractères, sur l'harmonie et sur le sentiment, qui est l'âme de la parole. Quoi qu'il arrive entre les anciens et les modernes, votre rang est réglé dans le parti des derniers.

> Vitis ut arboribus decori est, ut vitibus uvæ,
> Ut gregibus tauri, segetes ut pinguibus arvis;
> Tu decus omne tuis[3].

Au reste, je prends part à la juste marque d'estime que le roi vient de vous donner. C'est plus pour lui que pour vous que j'en ai de la joie. En pensant à vos besoins, il vous met dans l'obligation de travailler à sa gloire[4]. Je souhaite que vous égaliez les anciens dans ce travail, et que vous soyez à portée de dire comme Horace :

> Nec, si plura velim, tu dare deneges[5].

---

1. Fénelon ne prend pas la critique qu'il va faire comme lui appartenant. — « On vous reproche. » Lamotte peut être flatté d'un tel blâme, « n'a pas qui veut le défaut d'avoir trop d'esprit. » Fénelon sait bien que ce n'est pas avec de l'esprit qu'il faut rendre un tel poëte, et faire attendre un nouvel Homère, comme Properce (l. II, 21-25) le disait de Virgile préludant à sa réputation.

2. VIRG., *Egl.* III, v. 108, 109. — Fénelon semble vouloir se récuser dans le débat, et il se tiendra dans un milieu prudent; mais on ne saurait se tromper sur ses préférences ; les conditions qu'il exige, et les lois qu'il veut qu'on respecte, le classent évidemment du côté des anciens.

3. VIRG., *Egl.* v, v. 32 et sqq. — On vous décernera le prix entre les modernes, mais on ne vous prendra pas pour un ancien.

4. Que Lamotte travaille à la gloire du roi, comme Horace, et laisse tranquille l'antiquité.

5. HOR. l. III, ode 2.

C'est avec une sincère et grande estime que je serai le reste de ma vie, Monsieur, votre très-humble et très-obéissant serviteur,

FR. AR., DUC DE CAMBRAI.

A Cambrai, ce 26 janvier 1714.

— — —

VI. — DE LAMOTTE.

Monseigneur,

Quoi, vous avez craint d'être partial en ma faveur, et vous voulez bien que je le croie ! Je suis encore plus sensible à ce sentiment qu'à votre approbation même. Je ne désirerais plus, ce que je n'espère guères, que l'honneur et le plaisir de vous voir et de vous entendre. Qu'il me serait doux de vous exposer tous mes sentiments, d'écouter avidement les vôtres, et d'apprendre sous vos yeux à bien penser ! Je sens même, tant vos bontés me mettent à l'aise avec vous, que je disputerais quelquefois, et qu'à demi persuadé, je vous donnerais encore, par mes instances, le plaisir de me convaincre tout à fait. Je ne sais pourquoi je m'imagine ce plaisir, car je défère absolument à tout ce que vous alléguez contre la versification française [1]. J'avoue que la latine a de grands avantages sur elle : la liberté de ses inversions, ses mesures différentes, l'absence même de la rime lui donne une variété qui manque à la nôtre. Le malheur est qu'il n'y a point de remède, et qu'il ne nous reste plus qu'à vaincre, à force de travail, l'obstacle que la sévérité de nos règles met à la justesse et à la précision. Il me semble cependant que de cette difficulté même, quand elle est surmontée, naît un plaisir très-sensible pour le lecteur. Quand il sent que la rime n'a point gêné le poëte, que la mesure tyrannique du vers n'a point amené d'épithètes inutiles, qu'un vers n'est pas fait pour l'autre ; qu'en un mot tout est utile et naturel, il se mêle alors au plaisir que cause la beauté de la pensée, un étonnement agréable

1. Il n'a pas compris ; il a tout pris pour compliment.

de ce que la contrainte ne lui a rien fait perdre [1]. C'est presque en cela seul, à mon sens, que consiste tout le charme des vers, et je crois par conséquent que les poëtes ne peuvent être bien goûtés que par ceux qui ont comme eux le génie poétique. Comme ils sentent les difficultés mieux que les autres, ils font plus de grâce aux imperfections qu'elles entraînent, et sont aussi plus sensibles à l'art qui les surmonte. Quant à la versification des odes, je conviens encore avec vous qu'elle est plus agréable et plus variée, mais je ne crois pas qu'elle fût propre pour la narration. Comme chaque strophe doit finir par quelque chose de vif et d'ingénieux, cela entraînerait infailliblement de l'affectation en plusieurs rencontres; et d'ailleurs dans un long poëme ces espèces de couplets, toujours cadencés et partagés également, dégénéreraient à la fin en une monotonie du moins aussi fatigante que celle de nos grands vers [2]. Je m'en rapporte à vous, Monseigneur, car vous serez toujours mon juge, et je n'en veux pas d'autre dans la dispute que j'aurai peut-être à soutenir sur mon ouvrage. Cette guerre que vous prévoyez ne vous alarme point, pourvu, dites-vous, que l'on n'aille pas jusqu'à mépriser le goût des anciens. Peut-on jamais le mépriser, Monseigneur! Quoi que nous fassions, ils seront toujours nos maîtres [3]. C'est par l'exemple qu'ils nous ont donné du beau, que nous sommes à portée de reconnaître leurs défauts et de les éviter : à peu près comme les nouveaux philosophes doivent à la méthode de Descartes l'art de le combattre lui-même [4]. Qu'on nous permette un examen respectueux, une émulation modeste, nous n'en demandons pas davantage [5]. Je passe sur les louanges que vous

1. Ajoutez : « Comme les miens ; » c'est la secrète pensée de M. de Lamotte.
2. Ce poëte avait passé sa vie à faire des poëmes et des odes, et à décrier toute poésie. — Lamotte ne croirait pas à la possibilité des beaux vers s'il n'avait pas foi en lui-même comme poëte. La postérité se fait très-bien aux difficultés de la poésie épique ou lyrique ; mais elle a écarté le bel esprit qui semblait dire : Seul, j'ai dompté l'instrument le plus rebelle et

l'ai forcé à produire de beaux vers.
3. C'est déjà une concession ; mais il pense que l'on peut vaincre ces maîtres; c'est pourquoi il les attaque sur leur piédestal.
4. Allusion à l'école de Locke, qui combattait le spiritualisme cartésien avec la méthode du maître.
5. Cela est fort réservé et d'excellent ton ; mais le respect n'est pas ordinairement le mot d'ordre des querelles d'école et de partis. Il ne l'était pas dans

daignez me donner. Je me contente d'y admirer l'usage que vous faites des traits des anciens, plus ingénieux que les traits mêmes : c'est encore un nouveau motif d'émulation pour moi, et si je fais dans la suite quelque chose qui vous plaise, soyez sûr, Monseigneur, que ce motif y aura eu bonne part.

Je suis pour toute ma vie, avec un attachement très-respectueux, Monseigneur,

Votre très-humble, etc.,   LAMOTTE.

A Paris, ce 15 février 1714.

—

VII. — DE LAMOTTE.

Monseigneur,

J'ai reçu par la personne que j'avais osé vous recommander, de nouveaux témoignages de votre bienveillance. J'y suis toujours aussi sensible, quoique j'en sois moins surpris, car je sais que la constance des sentiments est le propre d'une âme comme la vôtre; et puisque vous avez commencé de me vouloir du bien, vous ne sauriez discontinuer, à moins que je ne m'en rende indigne, ce qui me paraît impossible, si je n'ai à le craindre que par les fautes du cœur [1]. Je vous dois un compte naïf du succès de mon *Iliade*. L'opinion invétérée du mérite infaillible d'Homère a soulevé contre moi quelques commentateurs que je respecte toujours par leurs bons endroits. Ils ne sauraient digérer les moindres remarques où l'on ne se récrie pas comme eux, à la merveille; et parce que je ne conviens pas qu'Homère soit toujours sensé, ils en concluent brusquement que je ne suis jamais raisonnable. Franchement, Monseigneur, vous les avez un peu gâtés. Un de vos ouvrages, où ils entrevoient quelque imitation d'Homère, fournit de nouvelles armes à leur préjugé [2]. Ils croient que

la querelle des anciens et des modernes.

1. Les paroles de Lamotte, au double début de ces deux lettres, sont bien senties et d'un langage choisi.

2. Le *Télémaque*, à cause de ses nom-breuses imitations d'Homère et de Virgile, et pour l'imitation générale de l'antique, qui est son caractère. Le manuscrit de cet ouvrage, dérobé à l'archevêque de Cambrai, avait été publié en 1690.

tout l'agrément, toute la perfection de cet ouvrage, viennent de quelques traits de ressemblance qu'il a avec le poëme grec; au lieu que ces traits mêmes tirent leur perfection du choix que vous en faites, de la place où vous les employez, et de cette foule de beautés originales dont vous les accompagnez toujours [1]. La preuve de ma pensée, Monseigneur, car je crois qu'il est à propos de vous prouver à vous-même votre supériorité, c'est que malgré les mœurs anciennes qu'on allègue toujours comme la cause de nos dégoûts injustes, votre prétendue imitation est lue tous les jours avec un nouveau plaisir par toutes sortes de personnes; au lieu que l'*Iliade* de madame Dacier, quoique élégante, tombe des mains malgré qu'on en ait, à moins qu'une idolâtrie pour Homère ne ranime le zèle du lecteur [2]. Je vais même jusqu'à croire que vous-même, avec ce style enchanteur qui n'a été donné qu'à vous, ne réussiriez à faire lire une traduction de ce poëme, qu'en lui prêtant beaucoup du vôtre. J'ai aussi mes partisans, Monseigneur; vous saurez peut-être que le père Sanadon, dans sa harangue, m'a fait l'honneur outré de m'associer à vos louanges. Le père Porée, son collègue, souscrit à son approbation; et je vous nommerais encore bien d'autres savants, si je ne craignais que ma prétendue naïveté ne vous parût orgueil, comme en effet elle pourrait bien l'être [3]. Mes critiques n'ont point encore parlé. Ce qui m'est revenu de leurs discours ne m'a point paru solide. Je ne sais s'ils me feront l'honneur d'écrire contre mes sentiments; mais je les attends sans crainte, bien résolu de me rendre avec plaisir à la raison, et de défendre aussi la

---

1. Fénelon, assurément d'un goût très-antique, pouvait être flatté de l'éloge que lui adressait Lamotte d'être en même temps un écrivain original.

2. Qu'est-ce que cela prouve, sinon qu'il faut lire Homère dans sa langue, et se placer au point de vue de l'époque lointaine où ses poëmes furent composés; qu'il faut agir ainsi ou ne pas se mêler de littérature? On ne saurait apprécier un tel poëte d'après la pauvreté d'une traduction, surtout de celles qui se faisaient alors. Les traductions, à mon sens, ne servent qu'à une chose: aider ceux qui ont besoin de ce secours et veulent connaître les anciens chez eux-mêmes.

3. Tout cela est fort spirituel, et l'archevêque doit, sans le vouloir, se trouver enlacé. — Le P. Sanadon et le P. Porée, deux jésuites de beaucoup de talent, qui ont laissé quelques œuvres classiques; le P. Porée fut le professeur de rhétorique de Voltaire, qui lui a toujours gardé un souvenir reconnaissant.

vérité de toutes mes forces. N'est-ce pas grand dommage, Monseigneur, qu'il n'y ait presque ni fermeté ni candeur parmi les gens de lettres? Ils prennent servilement le ton les uns des autres; et plus amoureux de leur réputation que de la vérité, ils sont bien moins occupés de ce qu'ils devraient dire, que de ce qu'on dira d'eux. Si quelquefois ils osent prendre des sentiments contraires, c'est encore pis. On dispute, mais ce n'est pas pour rien éclaircir, c'est pour vaincre; et presque personne n'a le courage de céder aux bonnes raisons d'un autre. Pour moi, Monseigneur, qui ne suis rien dans les lettres, je me flatte d'avoir de meilleures intentions qui seraient bien mieux placées avec plus de capacité. Je me fais une loi de dire, sur tout, ce que je pense après l'avoir médité sérieusement, et je me dédommagerai toujours de m'être mépris, par l'honneur de convenir de mon tort, qui que ce soit qui me le montre [1]. Voilà bien de la morale, Monseigneur; je vous en demande pardon, mais je ne la débite ici que pour m'en faire devant vous un engagement plus étroit de la suivre dans l'occasion.

Je suis, avec le plus profond respect et un attachement égal,

> Monseigneur,

> Votre très-humble, etc.   LAMOTTE.

A Paris, ce 15 avril 1714.

———

VIII. — DE FÉNELON.

La lettre que vous m'avez fait la grâce de m'écrire, Monsieur, est très-obligeante; mais elle flatte trop mon amour-propre, et je vous conjure de m'épargner. De mon côté, je vais vous répondre sur l'affaire du temps présent d'une manière qui vous montrera, si je ne me trompe, ma sincérité.

Je n'admire point aveuglément tout ce qui vient des anciens. Je les trouve fort inégaux entre eux. Il y en a d'ex-

---

1. Voilà une grande profession de modestie et de modération dans la | dispute, chez un écrivain dont la vie ne fut qu'une lutte sans trêve.

cellents : ceux même qui le sont ont la marque de l'humanité, qui est de n'être pas sans quelque reste d'imperfection. Je m'imagine même que si nous avions été de leur temps, la connaissance exacte des mœurs, des idées des divers siècles, et des dernières finesses de leurs langues, nous aurait fait sentir des fautes que nous ne pouvons plus discerner avec certitude. La Grèce, parmi tant d'auteurs qui ont eu leurs beautés, ne nous montre, au-dessus des autres, qu'un Homère, qu'un Pindare, qu'un Théocrite, qu'un Sophocle, qu'un Démosthène. Rome, qui a eu tant d'écrivains très-estimables, ne nous présente qu'un Virgile, qu'un Horace, qu'un Térence, qu'un Catulle, qu'un Cicéron. Nous pouvons croire Horace sur sa parole, quand il avoue qu'Homère même se néglige un peu en quelques endroits [1].

Je ne saurais douter que la religion et les mœurs des héros d'Homère n'eussent de grands défauts. Il est naturel que ces défauts nous choquent dans les peintures de ce poëte. Mais j'en excepte l'aimable simplicité du monde naissant [2]. Cette simplicité des mœurs, si éloignée de notre luxe, n'est point un défaut [3], et c'est notre luxe qui en est un très-grand. D'ailleurs un poëte est un peintre qui doit peindre d'après nature, et observer tous les caractères.

Je crois que les hommes de tous les siècles ont eu à peu près le même fonds d'esprit et les mêmes talents, comme les plantes ont eu le même suc et la même vertu. Mais je crois que les Siciliens, par exemple, sont plus propres à être poëtes que les Lapons. De plus, il y a eu des pays où les mœurs, la forme du gouvernement et les études, ont été plus convenables que celles des autres pays pour faciliter le progrès de la poésie. Par exemple, les mœurs des Grecs formaient bien mieux des poëtes que celles des Cimbres et des Teutons. Nous sortons à peine d'une étonnante barbarie ; au contraire, les Grecs avaient une très-longue

---

1. Ce détail se retrouve dans la Lettre sur les occupations de l'Académie.

2. Lucrèce avait dit : *Novitas tum florida mundi.* Fénelon traduit ici d'une manière toute gracieuse ce vers antique.

3. C'est ce que les adversaires des anciens ne voulaient pas comprendre ; ils s'obstinaient à juger l'antiquité d'après les sentiments et les habitudes modernes.

tradition de politesse, et d'études des règles, tant sur les ouvrages d'esprit que sur les beaux-arts [1].

Les anciens ont évité l'écueil du bel-esprit, où les Italiens modernes sont tombés, et dont la contagion s'est fait un peu sentir à plusieurs de nos écrivains, d'ailleurs très-distingués. Ceux d'entre les anciens qui ont excellé, ont peint avec force et grâce la simple nature. Ils ont gardé les caractères, ils ont attrapé l'harmonie ; ils ont su employer à propos le sentiment et la passion. C'est un mérite bien original [2].

Je suis charmé des progrès qu'un petit nombre d'auteurs a donnés à notre poésie ; mais je n'ose entrer dans le détail, de peur de vous louer en face. Je croirais, Monsieur, blesser votre délicatesse. Je suis d'autant plus touché de ce que nous avons d'exquis dans notre langue, qu'elle n'est ni harmonieuse, ni variée, ni libre, ni hardie, ni propre à donner de l'essor, et que notre scrupuleuse versification rend les beaux vers presque impossibles dans un long ouvrage [3].

En vous exposant mes pensées avec tant de liberté, je ne prétends ni reprendre ni contredire personne. Je dis historiquement quel est mon goût, comme un homme, dans un repas, dit naïvement qu'il aime mieux un ragoût que l'autre. Je ne blâme le goût d'aucun homme, et je consens qu'on blâme le mien. Si la politesse et la discrétion nécessaires pour le repos de la société demandent que les hommes se tolèrent mutuellement dans la variété d'opinions où ils

1. Voici le principe : Les divers peuples sont aptes à devenir civilisés, et partant littéraires ; mais, en fait, tous ne le sont pas. La supériorité des Grecs sur les autres peuples antiques a sa cause dans celle de leur civilisation. On a cependant peine à comprendre Fénelon disant en 1714, après le siècle de Louis XIV : « Nous sortons à peine d'une étonnante barbarie. » Quoi, tout n'avait été que barbarie, et le siècle de Louis XIV, et la Renaissance, et les grands siècles chrétiens de S. Bernard et de S. Thomas ?

2. Ennemi du faux bel esprit, Fénelon penche pour les anciens qui ne l'ont pas connu, ce défaut ; mais la littérature du grand siècle dont il faisait partie n'était pas une littérature de bel esprit. La pensée de Fénelon porte ici sur le règne de Louis XIII, sur Voiture, sur l'hôtel Rambouillet et sur l'invasion des *concetti italiens*. — « Ils ont attrapé l'harmonie. » Expression mal trouvée.

3. « De vous louer en face. » Il n'oserait parler des grands écrivains sans offenser la modestie de M. de Lamotte ! Il y a en cela un peu trop de courtoisie. — « Presque impossibles. » Pour Lamotte sans doute ; pour Fénelon lui-même (si poëte pourtant), témoin l'ode : « Montagnes de qui l'audace, etc. » Mais pour la Fontaine, Racine et les autres, la poésie n'avait pas d'impossibilité.

se trouvent pour les choses les plus importantes à la vie
humaine, à plus forte raison doivent-ils se tolérer sans
peine dans la variété d'opinions sur ce qui importe très-
peu à la sûreté du genre humain [1]. Je vois bien qu'en rendant
compte de mon goût, je cours risque de déplaire aux admirateurs passionnés et des anciens et des modernes ; mais
sans vouloir fâcher ni les uns ni les autres, je me livre à la
critique des deux côtés [2].

Ma conclusion est qu'on ne peut pas trop louer les modernes qui font de grands efforts pour surpasser les anciens. Une si noble émulation promet beaucoup. Elle me
paraîtrait dangereuse, si elle allait jusqu'à mépriser et à
cesser d'étudier ces grands originaux [3] : mais rien n'est
plus utile que de tâcher d'atteindre à ce qu'ils ont de plus
sublime et de plus touchant, sans tomber dans une imitation servile [4] pour les endroits qui peuvent être moins
parfaits ou trop éloignés de nos mœurs. C'est avec cette
liberté que Virgile a suivi Homère.

Je suis, Monsieur, avec l'estime la plus sincère et la plus
forte, votre très-humble et très-obéissant serviteur,

FR. AR., DUC DE CAMBRAI.

A Cambrai, ce 4 mai 1714.

——

IX. — DE LAMOTTE.

Monseigneur,

C'est me priver trop longtemps de l'honneur de vous
entretenir ; donnez-moi, je vous prie, un moment d'au-
dience. J'ai lu plusieurs de vos ouvrages, et vous souffrirez,
s'il vous plaît, que je vous rende compte de la manière
dont j'en ai été touché. M. Destouches [5] m'a lu quantité de

---

1. Vérité de morale pratique, très-
noblement exprimée ; il faut tolérer les
hommes en repoussant les erreurs.

2. « La décision manque à cet esprit
si doux, si modéré. »

3. « Les originaux, » ceux qui ne pro-
cèdent que d'eux-mêmes, les aborigènes
de l'esprit humain, les vrais génies.

4. *O imitatores, servum pecus.* Hor.,
Ep. — Et la Fontaine : Quelques imi-
tateurs, sot bétail. » (*Epitre* en date
de 1674.)

5 Personnage peu connu, ami de la
famille de Fénelon, et qui venait de
passer quelques jours à Cambrai.

vos lettres, où j'ai senti combien il est doux d'être aimé de
vous : le cœur y parle à chaque ligne ; l'esprit s'y confond
toujours avec la naïveté et le sentiment ; les conseils y sont
riants sans rien perdre de leur force : ils plaisent autant
qu'ils convainquent ; et je donnerais volontiers les louanges
les plus délicates pour des censures ainsi assaisonnées par
l'amitié. M. Destouches a dû vous dire combien nous vous
aimions en lisant vos lettres, et combien je l'aimais moi-
même d'avoir mérité tant de part dans votre cœur[1]..... Je
passe au discours que vous avez envoyé à l'Académie
française. Tout le monde fut également charmé des idées
justes que vous y donnez de chaque chose. Il n'appartient
qu'à vous d'unir tant de solidité à tant de grâces : mais je
vous dirai que sur Homère les deux partis se flattaient de
vous avoir chacun de leur côté. Vous faites Homère un
grand peintre ; mais vous passez condamnation sur ses
dieux et sur ses héros. En vérité, si de votre aveu les uns
ne valent pas nos fées, et les autres nos honnêtes gens,
que devient un poëme rempli de ces deux sortes de personnages ? Malgré le talent de peintre que je trouve avec
vous dans Homère, la raison n'est-elle pas révoltée à chaque instant par des idées qu'elle ne saurait avouer, et qui,
du côté de l'esprit et du cœur, trouvent un double obstacle
à l'approbation[2]. Je ne vous demande pas pardon de ma
franchise, j'en ai fait vœu avec vous pour le reste de ma
vie, et je suis sûr que vous m'en aimez mieux. Je vous envoie le discours que j'ai prononcé à l'Académie le jour de
la distribution des prix ; j'étais directeur. J'ai cru devoir
traiter une matière dont il me semble qu'on aurait dû
parler dès la première distribution ; on me l'avait pourtant
laissée depuis cinquante ans ; je m'en suis saisi comme
d'un bien abandonné, et qui appartenait à la place où
j'étais. Le discours me parut généralement approuvé, mais

1. Sentiments vrais et gracieusement
exprimés.
2. Ce détail nous reporte à la *Lettre*.
L'observation de Lamotte est assez juste.
Un génie qui joint, comme il le dit
très-bien, « tant de solidité à tant de
grâces, » ne devait pas montrer cette
hésitation. — L'objection n'est pas sans
force, elle s'appuie sur les concessions
de Fénelon. Si les dieux et les héros ne
valent rien, qu'y a-t-il donc à admirer ?
Fénelon aurait pu relever cela en montrant que les héros ont la moralité poétique, le ressort, la passion, la vie, etc.

j'en appelle à votre jugement ; c'est à vous de me marquer les fautes qui m'y peuvent être échappées.

Je suis avec le respect le plus profond,

Monseigneur,

Votre très-humble, etc.　　　　　LAMOTTE.

A Paris, ce 3 novembre 1714.

—

X. — DE FÉNELON.

Chacun se peint sans y penser, Monsieur, dans ce qu'il écrit. La lettre que j'ai reçue au retour d'un voyage ressemble à tout ce que j'entends dire de votre personne. Aussi ce portrait est-il fait de bonne main. Il me donnerait un vrai désir de voir celui qu'il représente. Votre conversation doit être encore plus aimable que vos écrits : mais Paris vous retient ; vos amis disputent à qui vous aura, et ils ont raison. Je ne pourrais vous espérer à mon tour que par un enlèvement de la main de M. Destouches.

> Omitte mirari beatæ
> Fumum et opes strepitumque Romæ.
> Plerumque gratæ divitibus vices [1].

Nous vous retiendrions ici, comme les preux chevaliers étaient retenus par enchantement dans les vieux châteaux. Ce qui est de réel, est que vous seriez céans libre comme chez vous, et aussi aimé que vous l'êtes par vos anciens amis. Je serais charmé de vous entendre raisonner avec autant de justesse sur les questions les plus épineuses de la théologie, que sur les ornements les plus fleuris de la poésie [2]. Vous savez, j'en ai la preuve en main, transformer le poëte en théologien. D'un côté, vous avez réveillé l'émulation pour les prix de l'Académie, par un discours d'une très-judicieuse critique, et d'un tour très-élégant. De l'autre, vous réfutez en peu de mots, dans la lettre que je

1. Hor., l. ii, ode 23.

2. Féuelon avait une noble existence à Cambrai ; il était l'âme de la société qu'il recevait noblement, « vivant chez lui sans contrainte, dit Saint-Simon, et n'en prenant pas pour sa compagnie. » Lamotte était un homme de beaucoup d'esprit et du meilleur ton ; l'excellent archevêque paraît inviter le spirituel aveugle de fort grand cœur.

garde, une très-fausse et très-dangereuse notion du libre arbitre, qui impose en nos jours à un grand nombre de gens d'esprit [1].

Au reste, Monsieur, je me trouve plus heureux que je ne l'espérais : est-il possible que je contente les deux partis des anciens et des modernes, moi qui craignais tant de les fâcher tous deux ? Me voilà tenté de croire que je ne suis pas loin du juste-milieu, puisque chacun des deux partis me fait l'honneur de supposer que j'entre dans son véritable sentiment [2]. C'est ce que je puis désirer de mieux, étant fort éloigné de l'esprit de critique et de partialité. Encore une fois, je vous abandonne sans peine les dieux et les héros d'Homère ; mais ce poëte ne les a pas faits. Il a bien fallu qu'il les prît tels qu'il les trouvait. Leurs défauts ne sont pas les siens. Le monde idolâtre et sans philosophie ne lui fournissait que des dieux qui déshonoraient la divinité, et que des héros qui n'étaient guère honnêtes gens. C'est ce défaut de religion solide et de pure morale qui a fait dire à saint Augustin sur ce poëte : *Dulcissime vanus est... Humana ad Deos transferebat*. Mais enfin la poésie est comme la peinture, une imitation. Ainsi Homère atteint au vrai but de l'art, quand il représente les objets avec grâce, force et vivacité. Le sage et savant Poussin aurait peint le Guesclin et Boucicaut simples et couverts de fer, pendant que Mignard aurait peint les courtisans du dernier siècle avec des fraises, ou des collets montés, ou avec des canons, des plumes, de la broderie et des cheveux frisés. Il faut observer le vrai, et peindre d'après nature [3]. Les fables mêmes qui ressemblent aux contes des fées, ont je ne sais quoi qui plaît aux hommes les plus sérieux : on redevient volontiers enfant, pour lire les aventures de Baucis et de Philémon, d'Orphée et d'Euridice [4].

1. Cette lettre ne se trouve pas dans les éditions complètes de notre auteur. Elle est rapportée par M. de Bausset dans son *Histoire de Fénelon*, t. III. p. 10. Elle est toute théologique, et il n'y a pas lieu de la reproduire ici.

2. « Le juste-milieu. » Expression qui a eu un grand cours pour exprimer une certaine doctrine politique de notre temps. En littérature, Fénelon s'applaudit d'avoir pris cette position.

3. Ce passage, avec quelques variantes, se trouve dans la Lettre à M. Dacier.

4. Les aventures de Philémon et de Baucis, racontées avec tant d'art par

J'avoue qu'Agamemnon a une arrogance grossière, et Achille un naturel féroce; mais ces caractères ne sont que trop vrais et que trop fréquents. Il faut les peindre pour corriger les mœurs. On prend plaisir à les voir peints fortement par des traits hardis. Mais pour les héros des romans, ils n'ont rien de naturel : ils sont faux, doucereux et fades [1]. Que ne dirions-nous point là-dessus, si jamais Cambrai pouvait vous posséder? une douce dispute animerait la conversation.

> O noctes cœnæque deum, quibus ipse, meique,
> Ante Larem proprium vescor...............
> Sermo oritur, non de villis domibusve alienis.
> ....Sed quod magis ad nos
> Pertinet, et nescire malum est, agitamus : utrumne
> Divitiis homines an sint virtute beati [2].

Vous chanteriez quelquefois, Monsieur, ce qu'Apollon vous inspirerait.

> Tum vero in numerum Faunumque ferasque videres
> Ludere, tum rigidas motare cacumina quercus [3].

FR. AR. DUC DE CAMBRAI.

A Cambrai, ce 22 novembre 1714.

IX. — DE LAMOTTE.

Monseigneur,

Le parti en est pris, je me ferai enlever par M. Destouches dès qu'il voudra bien se charger de moi, et j'irai me

---

Ovide, et avec plus de charme par la Fontaine, constituent un mythe d'une haute moralité, une conception vraiment pieuse de l'antiquité ; il n'est pas nécessaire de redevenir enfant pour s'y plaire.

1. Fénelon établit une juste différence entre les héros épiques immortalisés par Homère, et les héros de romans qui sont de pure convention, et n'ont ni la vie, ni le mouvement, ni la grandeur que donne la vraie poésie.

2. HOR., l. II, sat. 6, *passim.* — Ces entretiens qu'Homère préférait n'étaient point frivoles; c'était surtout la question du souverain bien et la double solution qui le ramène au bonheur ou le fait consister dans la vertu. — On retrouve ici le chantre si poétique du *Télémaque*, et l'auteur des *Fables*, dont plusieurs sont d'un atticisme si charmant.

3. VIRG., *Egl.* VI, v. 27.

livrer aux enchantements de Cambrai. Vous voulez bien m'y promettre de la liberté et de l'amitié. Je profiterai si bien de l'une et de l'autre que je vous en serai peut-être incommode. Je vous engagerai à parler de toutes les choses que j'ai intérêt d'apprendre ; et je ne rougirai point de vous découvrir toute mon ignorance, puisque l'amitié vous intéresse à m'instruire. Pour l'affaire d'Homère, il me semble, Monseigneur, qu'elle est presque vidée entre vous et moi. J'ai prétendu seulement que l'absurdité du paganisme, la grossièreté de son siècle, et le défaut de philosophie lui avaient fait faire bien des fautes [1] ; vous en convenez, et je conviens aussi avec vous que ces fautes sont celles de son temps, et non pas les siennes. Vous adoptez encore le jugement que saint Augustin porte d'Homère : il dit de ce poëte qu'il est très-agréablement frivole. Le frivole tombe sur les choses, l'agréable tombe en partie sur l'expression ; et puisque mes censures ne s'étendent jamais qu'aux choses, me voilà d'accord avec saint Augustin et avec vous [2] ; mais, Monseigneur, comme une douce dispute est l'âme de la conversation, je m'attends bien que j'aurai l'honneur de m'entretenir avec vous à réveiller làdessus de petites querelles [3]. Je vous dirai, par exemple, qu'Homère a eu tort de donner à un homme aussi vicieux qu'Achille des qualités si brillantes ; qu'on l'admire plus qu'on ne le hait. C'est, à mon avis, tendre un piége à la vertu de ses lecteurs que de les intéresser pour des méchants [4]. Vous me répondrez : j'insisterai. Les choses éclairciront ; et je prévois avec plaisir que je finirai toujours par me rendre. Nous passerons de là aux matières plus importantes. La raison me parlera par votre bouche, et vous connaîtrez à mon attention si je l'aime. Voilà l'en-

---

1. Ce ne sont pas des fautes, puisque de telles peintures étaient la fidèle expression de leur époque.

2. On reconnaît un esprit conciliant et assez doux dans ce contradicteur par nature.

3. « M'entretenir à réveiller... » Expression obscure et tour de phrase que l'on ne saurait guère accepter.

4. Cela a sa vérité ; Platon l'avait dit bien avant Lamotte, et mieux ; mais Platon, dans les exagérations, honorant le grand poëte qu'il exilait, voulait qu'il fût reconduit, couronné de fleurs, aux frontières. Lamotte a entrepris de créer un Homère de sa fantaisie, en lui ôtant son originalité, sa grandeur, ce que Platon admirait, tout en l'exilant.

chantement que je me promets, et malheur à qui me viendra désenchanter[1].

Je suis avec le respect le plus profond,

Monseigneur,

Votre très-humble, etc.   LAMOTTE.

A Paris, ce 18 décembre 1714.

SENTIMENT DE FÉNELON
SUR UN POÈTE[2].

J'ai lu, Monsieur, avec un grand plaisir, l'ouvrage de poésie que vous m'avez fait la grâce de m'envoyer. Je ne parlerais pas à un autre aussi librement qu'à vous; et je ne vous dirai même ma pensée qu'à condition que vous n'en expliquerez à l'auteur que ce qui peut lui faire plaisir, sans m'exposer à lui faire la moindre peine. Ses vers sont pleins, ce me semble, d'une poésie noble et hardie; il pense hautement; il peint bien et avec force; il met du sentiment dans ses peintures, chose qu'on ne trouve guère en plusieurs poëtes de notre nation. Mais je vous avoue que, selon mon faible jugement, il pourrait avoir plus de douceur et de clarté. Je voudrais un je ne sais quoi, qui est une facilité à laquelle il est très-difficile d'atteindre. Quand on est hardi et rapide, on court risque

1. « Dieu dispose. » Cette lettre est du 18 décembre. Vingt jours plus tard, l'Académie française apprenait la mort du plus illustre alors de ses membres. — Ces lettres parurent en 1715, Fénelon étant mort, dans les *Réflexions sur la critique*, adressées à Mme Dacier par ce même Lamotte, qui mourut en 1731, sept ans après Fénelon. La querelle se prolongea peu; elle avait eu ses préludes en 1687, après la lecture d'un poëme, *le Siècle de Louis le Grand*, dans lequel Perrault, pour célébrer les jardins de Versailles, se moquait peu agréablement d'Homère et des jardins d'Alcinoüs. Il y a eu depuis, sous Louis XVI, la querelle musicale des Gluckistes et des Piccinistes; notre siècle aussi, vers 1820, a eu la guerre des romantiques et des classiques, à peine éteinte en ce moment, et qui semble se prolonger entre les idéalistes et les réalistes, entre ceux de la ligne et ceux de la couleur. Concluons par un mot. Pourquoi tant se disputer pour des préférences? Chacun est libre sur ce point; mais il y a une loi: *Splendor veri*, le vrai (ou ce qui est rendu vraisemblable par l'art) seul est beau.

2. Ce fragment de critique littéraire, égaré dans les *Œuvres complètes de Fénelon*, ne manque pas d'intérêt et mérite d'être recueilli. On ne sait pas trop de quel poëte il est question; on hésite entre J.-B. Rousseau et Lamotte lui-même, avec lequel il aurait commencé plus tard la correspondance qu'on vient de lire. Les vers de Lamotte manquent « de douceur, de clarté, d'harmonie. » On n'en saurait dire autant de ceux de J.-B. Rousseau, qui possèdent ces qualités à un si haut degré.

d'être moins clair et moins harmonieux. Les beaux vers de Malherbe sont clairs et faciles comme la prose la plus simple, et ils sont nombreux comme s'il n'avait songé qu'à la seule harmonie[1]. Je sais bien, Monsieur, que cet assemblage de tant de choses qui semblent opposées, est presque impossible dans une versification aussi gênante que la nôtre. De là vient que Malherbe, qui a fait quelques vers si beaux et si parfaits suivant le langage de son temps, en a fait tant d'autres où l'on le méconnaît. Nous avons vu aussi plusieurs poëtes de notre nation qui, voulant imiter l'essor de Pindare, ont eu quelque chose de dur et de raboteux[2]. Ronsard a beaucoup de cette dureté avec des traits hardis. Votre ami est infiniment plus doux et plus régulier. Ce qu'il peut y avoir d'inégal en lui n'est en rien comparable aux inégalités de Malherbe ; et j'avoue que ma critique, trop rigoureuse, n'a presque rien à lui reprocher, et est forcée de le louer presque partout[3]. Ce qui me rend si difficile, est que je voudrais qu'un court ouvrage de poésie fût fait comme Horace dit que les ouvrages des Grecs étaient achevés, *ore rotundo*[4]. Il ne faut prendre, si je ne me trompe, que la fleur de chaque objet, et ne toucher jamais que ce qu'on peut embellir. Plus notre versification est gênante, moins il faut hasarder ce qui ne coule pas assez facilement. D'ailleurs la poésie forte et nerveuse de cet auteur m'a fait tant de plaisir, que j'ai une espèce d'ambition pour lui, et que je voudrais des choses qui sont peut-être impossibles en notre langue. Encore une fois, je vous demande le secret, et je vous prie de m'excuser sur ce que des eaux que je prends, et qui m'embarrassent un peu la tête, m'empêchent d'écrire de ma main. Il n'en est pas de même du cœur[5]; car je ne puis rien ajouter aux sentiments très-vifs d'estime avec lesquels je suis votre, etc.

---

1. « Nombreux, » harmonieux, avec plénitude et gravité. — Malherbe est, en effet, un poëte très-inégal, presque jamais médiocre ; il monte où il va du sublime au pire.

2. Boileau, par exemple, dans l'ode sur la prise de Namur.

3. « Louer presque partout. » Voilà bien le langage d'un poëte, ami de la popularité, comme ils le sont presque tous, et portant son jugement sur un autre poëte.

4. Graiis ingenium, Graiis dedit ore rotundo Musa loqui. (Hor. *Ars poet.*)

5. Nul écrivain ne posséda plus que Fénelon l'amabilité du langage et la grâce du cœur et la naïve expression du sentiment.

TABLE DES MATIÈRES

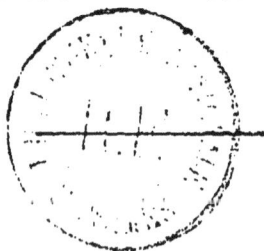

.

www.ingramcontent.com/pod-product-compliance
Lightning Source LLC
Chambersburg PA
CBHW051719090426
42738CB00010B/1994